COLEÇÃO
ABERTURA
CULTURAL

Copyright © 2011 Gertrude Himmelfarb. Todos os direitos reservados.
Copyright da edição brasileira © 2019 É Realizações
Título original: *On Looking into the Abyss – Untimely Thoughts on Culture and Society*

Editor
Edson Manoel de Oliveira Filho

Produção editorial e projeto gráfico
É Realizações Editora

Capa
Daniel Justi

Diagramação
Nine Design | Mauricio Nisi Gonçalves

Preparação de texto
Paulo Felipe Mendrone

Revisão
Adriano M. Correia da Silva

Reservados todos os direitos desta obra. Proibida toda e qualquer reprodução desta edição por qualquer meio ou forma, seja ela eletrônica ou mecânica, fotocópia, gravação ou qualquer outro meio de reprodução, sem permissão expressa do editor.

CIP-BRASIL. CATALOGAÇÃO NA PUBLICAÇÃO
SINDICATO NACIONAL DOS EDITORES DE LIVROS, RJ

H647a

Himmelfarb, Gertrude, 1922-
   Ao sondar o abismo : pensamentos intempestivos sobre cultura e sociedade / Gertrude Himmelfarb ; tradução de Márcia Xavier de Brito. - 1. ed. - São Paulo : É Realizações, 2019.
   208 p. ; 23 cm. (Abertura cultural)

   Tradução de: On looking into the abyss : untimely thoughts on culture and society
   ISBN 978-85-8033-375-6

   1. Estados Unidos - Civilização. 2. Estados Unidos - Vida intelectual - Séc. XX. I. Brito, Márcia Xavier de. II. Título. III. Série.

19-57431

CDD: 973.91
CDU: 94(73)"19"

Vanessa Mafra Xavier Salgado - Bibliotecária - CRB-7/6644
31/05/2019 03/06/2019

É Realizações Editora, Livraria e Distribuidora Ltda.
Rua França Pinto, 498 · São Paulo SP · 04016-002
Telefone: (5511) 5572 5363
atendimento@erealizacoes.com.br · www.erealizacoes.com.br

Este livro foi reimpresso pela Gráfica Paym em julho de 2019. Os tipos são da família Sabon Light Std e Frutiger Light. O papel do miolo é o Lux Cream 70g, e o da capa, cartão Ningbo C2 250g.

AO SONDAR O ABISMO

Pensamentos Intempestivos sobre Cultura e Sociedade

Gertrude Himmelfarb

TRADUÇÃO DE MÁRCIA XAVIER DE BRITO

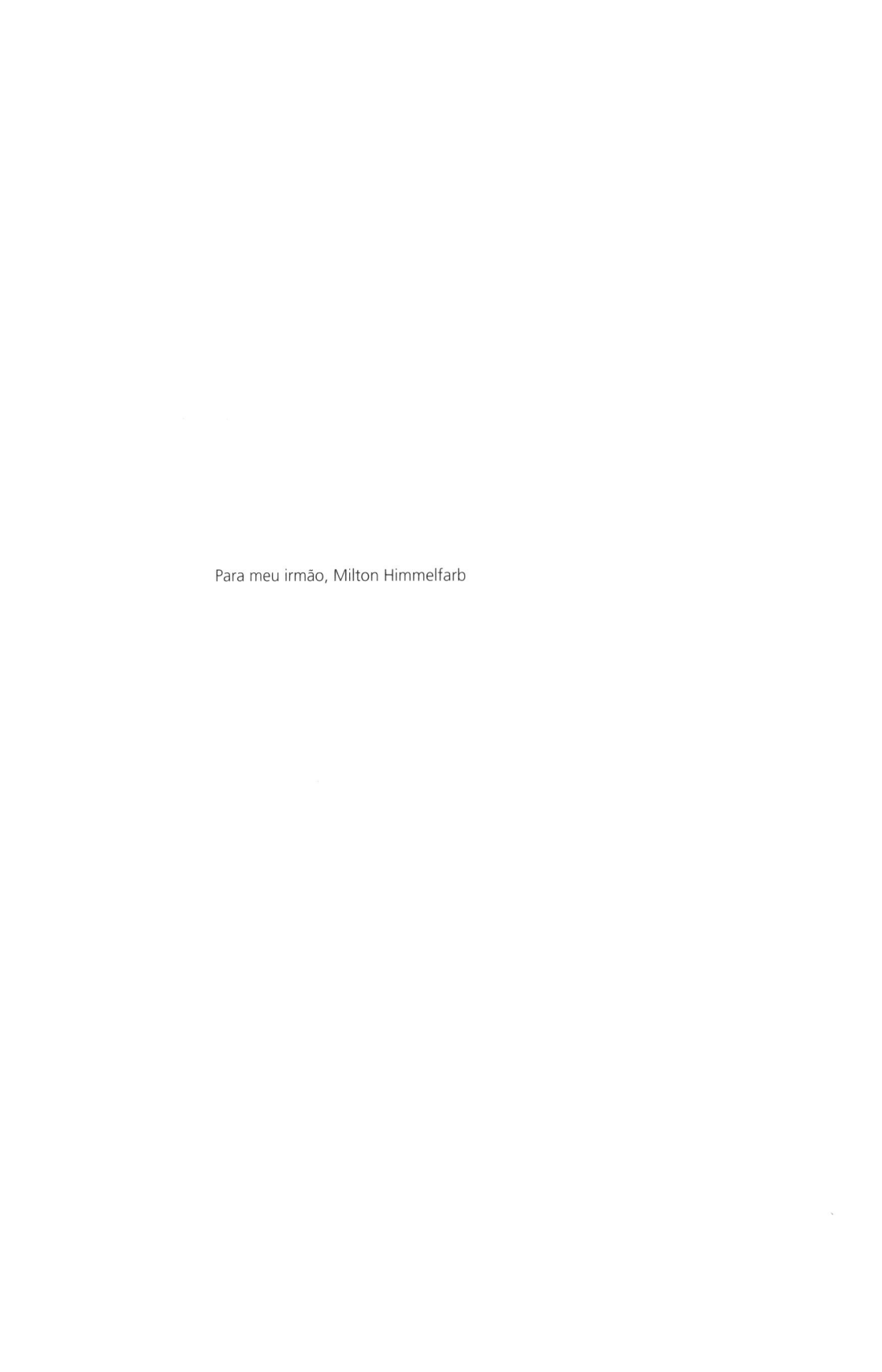

Para meu irmão, Milton Himmelfarb

SUMÁRIO

Prefácio à Edição Brasileira
   Márcia Xavier de Brito 9

Introdução 13

Capítulo 1 | Ao Sondar o Abismo 21

Capítulo 2 | Sobre Heróis, Vilões e Criados 47

Capítulo 3 | De Marx a Hegel 73

Capítulo 4 | Liberdade: "Um Princípio Muito Simples"? 99

Capítulo 5 | A Encruzilhada Sombria e Sangrenta: o Ponto de
   Encontro do Nacionalismo e da Religião 137

Capítulo 6 | Para Onde Foram Todas as Notas de Rodapé? 155

Capítulo 7 | A História Pós-Moderna 165

Posfácio
   Luiz Bueno 201

Prefácio à Edição Brasileira

A presente coletânea de ensaios, publicados em épocas e locais diferentes, traz como fios condutores a arrogância e o empobrecimento espirituais das humanidades e da política na época contemporânea. O abismo, o caos das antigas cosmogonias, é trazido por influência de Lionel Trilling (1905-1975) como metáfora da cultura afetada por influências subversivas. O efeito do discurso sério e sofisticado dos cientistas e ideólogos que pregam uma objetividade perfeita, livre de valores, impossível de ser atingida, em que o bem e o mal são tidos como uma questão de perspectiva, é exatamente o que torna o homem dirigido, alienado, angustiado, movido por modismos e fraquezas. Assim, essa visão de mundo domestica a imaginação humana e a aproxima do abismo. Ao sondar tais profundezas, a vertigem faz o homem passar a ver feiura onde há beleza, mal onde há bem, tédio onde há vida nova.

O processo descrito por Gertrude Himmelfarb nos recorda a definição de desagregação normativa da modernidade de Russell Kirk (1918-1994):

> O mal da desagregação normativa corrói a ordem no interior da pessoa e da república. Até reconhecermos a natureza dessa enfermidade seremos forçados a afundar, cada vez mais, na desordem da alma e do Estado. O restabelecimento das normas só pode começar quando nós, modernos, viermos a compreender a maneira pela qual nos afastamos das antigas verdades.[1]

---

[1] Russell Kirk, "A Arte Normativa e os Vícios Modernos", trad. Gustavo Santos, notas Alex Catharino, COMMUNIO: *Revista Internacional de Teologia e Cultura*, vol. XXVII, n. 4, out./dez. 2008, p. 993.

Simplificação, abstração e empobrecimento passam a ser a tônica da contemporaneidade. No abismo, tais escritores e eruditos querem construir uma morada. Tudo se torna "interessante" nesse mundo de Humpty Dumpty em que as palavras significam pretensamente aquilo que quem as enuncia finge que signifiquem, tornando-se o mundo contraditório, paradoxal, obscuro.

À beira do abismo perdemos a noção de verdade ou de realidade. A moralidade e a metafísica tornam-se "atividades lúdicas", pois na verdade tudo é flutuante e variável. Tal mentalidade pode ser muito bem resumida no personagem anacrônico de Guilherme de Baskerville do romance *O Nome da Rosa*: "A única verdade é aprendermos a nos libertar da paixão insana pela verdade".[2]

Na literatura, o abismo torna-se um mero jogo linguístico, tudo é texto e qualquer texto vale como literatura; na filosofia, o jogo linguístico prossegue numa irreflexão irresponsável em que o amor pela sabedoria torna-se "sofosfobia" – a rejeição total da possibilidade de sabedoria ou virtude ou beleza. A escrita torna-se barreira ao conhecimento, pois oculta o seu conteúdo, desterrando o homem numa sabedoria falsa e doentia.

No plano político, o marxismo, o liberalismo, o totalitarismo, o nacionalismo e a religião são apresentados ao mundo por uma "imaginação liberal" que não pode vê-los por aquilo que são, uma vez que a visão de natureza humana dos ideólogos abissais é "demasiado culta, racional, progressista e, por fim, imensamente limitada".[3] A questão passa da verdade à práxis, para o que dominaremos e tiraremos proveito. A visão da autora nesse quesito assemelha-se à de Christopher Dawson na obra *Understanding Europe*, de 1952.

> A desintegração da sociedade europeia pelas forças do nacionalismo e o enfraquecimento da cultura ocidental pela revolta espiritual do

---

[2] Umberto Eco, *O Nome da Rosa*, trad. Aurora F. Bernardini/Homero Freitas de Andrade. Rio de Janeiro/São Paulo, Record/Altaya, 1986, p. 552.

[3] Gertrude Himmelfarb, *Ao Sondar o Abismo*, cap. 5, p 150.

niilismo foram processos graduais que prosseguiram por quase dois séculos (...). Somente em nossa época é que a situação foi transformada pela catástrofe das guerras mundiais que, de repente, destruíram o paraíso dos tolos em que viviam os povos da Europa, levando-os a enfrentar as forças da destruição que estiveram se juntando sob as aparências exteriores do mundo moderno.[4]

Para exemplificar isso, a autora retoma ao caso moral do Holocausto em vários ensaios deste livro como um exemplo contundente das consequências da incorporação cultural do abismo no mundo ocidental. No entanto, a premissa horrorífica de que partem esses ideólogos os leva a insistir na desconstrução, "problematizando" o Holocausto como fazem em todos os "textos" históricos e esvaziando todo o mal deliberado do ato hediondo, tornando esse mal algo "tolerável, que apenas necessita "ser compreendido".

Por fim, a história, especialidade da autora, vista a partir do pós-estruturalismo, torna-se "a negação da imutabilidade do passado, da realidade do passado para além do que o historiador escolhe fazer dele, e, assim, a negação de qualquer verdade objetiva do passado (...) a história ao prazer do historiador".[5]

As consequências do mergulho no abismo, portanto, são a permissividade promotora de curiosidade mórbida e de uma aparente tolerância, que na verdade esconde um enorme desinteresse e tédio. O desencantamento do mundo é o fruto dessa imaginação que ultrapassa o desejo de perverter. Nesse reino da imaginação pós-diabólica só o "nada" é digno de atenção e os frutos podem ser vistos na proliferação do niilismo, da imoralidade, da insanidade e da perversidade polimorfa.

No entanto, apesar do severo diagnóstico apresentado neste livro, percebemos ao longo dos ensaios e das outras obras que o

---

[4] Christopher Dawson, *Understanding Europe*. New York, Sheed and Ward, 1952, p. 225.

[5] Gertrude Himmelfarb, *Ao Sondar o Abismo*, cap. 7, p. 167.

pessimismo não é a tônica da visão da autora. Preocupada com a relação entre virtudes sociais e liberdade, ela busca destacar os valores que perpassam a contemporaneidade e que estão fazendo dissolver aquilo que a constituiu. Como diz José Luiz Bueno, "Himmelfarb seria uma grande defensora da reinserção desses valores (ela preferia "virtudes") vitorianos na política e na vida pública americana, como a autossuficiência, o pudor e a responsabilidade, entre outros, como o caminho mais seguro e adequado à nação".[6]

A presente obra cumpre a função de mostrar, por contraste, como disse Russell Kirk, que "a permanência de uma sociedade é o conjunto daqueles interesses e convicções duradouros que nos dão estabilidade e continuidade; sem essa permanência, as fontes do grande abismo se rompem, jogando a sociedade na anarquia".[7]

Aos que apreciaram *Os Caminhos para a Modernidade*, desejo uma experiência gratificante nestas breves reflexões de uma das maiores historiadoras do século XXI.

Márcia Xavier de Brito

---

[6] José Luiz Bueno, *Gertrude Himmelfarb: Modernidade, Iluminismo e as Virtudes Sociais*. São Paulo, É Realizações, 2015, p. 20.

[7] Russell Kirk, *A Política da Prudência*. São Paulo, É Realizações, 2013, p. 112.

Introdução

Somente após terminar este livro é que percebi como, nele, Lionel Trilling surge com grande proeminência. O título do livro (tirado do primeiro ensaio) é uma citação direta de Trilling. O título de outro dos ensaios também é uma adaptação dele. E a maior parte dos ensaios o citam em pontos cruciais da argumentação. Ao dedicar-lhe o presente livro, estou quitando um débito intelectual e pessoal há muito devido.

Nunca fui aluna de Trilling, mas era admiradora e amiga. (Uma das suas muitas virtudes é que as amizades não tinham limite de idade). Nos últimos anos, constatei que retornava, cada vez mais, aos escritos de Trilling, não tanto como inspiração, mas como consolo. A inspiração veio, há muitos anos, quando aprendi a apreciar um modo de pensar que, agora, reconheço – não sabia disso na época – era exclusivamente dele: uma seriedade acerca das ideias que não era "acadêmica" (desafiando tanto a linguagem da Academia quanto a compartimentalização das disciplinas); uma profundidade a respeito das questões públicas que ia além (ou terminava desprovida) da política no sentido comum, uma *gravitas* moral que certamente era imprópria quando mais moça, mas que deve ser mais apropriada na idade em que estou (e na época atual).

Se agora encontro consolo em Trilling é porque ele foi capaz de resistir às insidiosas modas ideológicas e políticas de seu tempo, sem a vulgarização do intelecto que, muitas vezes, resulta do combate, e, também, sem a timidez e as evasivas que fazem recuar da luta num excesso de melindres. O que comecei a perceber mais recentemente é que ele não só era invulgarmente lúcido a respeito das ameaças à integridade intelectual e à liberdade política de sua época: também era notavelmente presciente ao reconhecer os primeiros sinais dos novos perigos que substituiriam os antigos.

Em um livro anterior chamado *Poverty and Compassion* [Pobreza e Compaixão],[1] adotei a expressão "imaginação moral", muito citada por Trilling no subtítulo, e, na epígrafe do livro, citei a passagem em que aparece a expressão. Ao reler, hoje, essa passagem, fico impressionada com a sabedoria que encerra. Quase meio século atrás, quando o sistema de bem-estar social era novo e o "socialismo democrático" ainda não havia se tornado um oximoro, Trilling previu a falácia daquilo que, na ocasião, parecia ser uma política social iluminada, humana e compassiva. Quase de passagem, ao longo da discussão de outro assunto, fez uma observação que é de grande pertinência hoje:

> Por algum paradoxo de nossa natureza somos levados, quando transformamos nossos irmãos em objetos de nosso interesse esclarecido, a continuar e transformá-los em objetos de nossa piedade, depois de nossa sabedoria, e finalmente, de nossa coerção. E para prevenir essa corrupção, a mais irônica e trágica que o homem conhece, precisamos do realismo moral que é produto do jogo livre da imaginação moral.[2]

No presente livro, repetidas vezes tive a oportunidade de haurir esse senso de "realismo moral" que faz parte da "imaginação moral" de Trilling: no ensaio principal, na imagem do abismo que nos convida a refletir sobre a arrogância intelectual e o empobrecimento espiritual de algumas das últimas tendências da crítica literária, da filosofia e da história; no ensaio sobre heróis é citado quando exponho o ponto fraco e fatal do estruturalismo, muito antes que este tivesse adquirido tal nome; no ensaio sobre nacionalismo, quando o crítico literário faz uma preleção

---

[1] Gertrude Himmelfarb, *Poverty and Compassion: The Moral Imagination of the Late Victorians*. New York, Vintage Books, 1992. (N. T.)

[2] Lionel Trilling, *A Imaginação Liberal: Ensaios sobre a Relação entre Literatura e Sociedade*. São Paulo, É Realizações, 2015, p. 266.

para o historiador a respeito das falácias de "visão ampla", que para pessoas que têm certa sensibilidade é a visão histórica mais falsa de todas. E realmente a insistência na extensão da perspectiva mostra justamente a intenção de superar a sensibilidade – dizem que, vistos de uma distância suficiente, o cadáver e os membros mutilados não parecem muito terríveis, às vezes, começam a se dispor em um "padrão significativo".[3] Somente por descuido os ensaios sobre Mill (e seu "princípio muito simples" de liberdade) e sobre Marx (e seu "Hegel de ponta-cabeça") deixam de evocar Trilling, que repetidas vezes advertiu sobre a simplificação, abstração e empobrecimento tanto do liberalismo quanto do marxismo.[4]

Se a presença de Lionel Trilling é tão patente neste livro, de igual modo o é a memória do Holocausto. Isso também não foi algo premeditado ou conscientemente pretendido. No entanto, agora, parece-me perfeitamente natural e apropriado. Em quase todos os ensaios, o Holocausto figura como uma censura aos historiadores, filósofos e críticos literários que, no zelo por um ou outro dos modismos intelectuais de nossa época, apequenam ou aviltam uma das maiores tragédias de todos os tempos. Os historiadores que acreditam que a maior vocação da profissão é ressuscitar a "vida cotidiana das pessoas comuns" podem encontrar poucos indícios, no dia a dia dos alemães comuns, da realidade vexatória de vida – e morte – de milhões de judeus; aqueles que buscam por processos de "longa duração" e "estruturas" impessoais na história tendem a explicar esse "acontecimento de curta duração" de tal modo a dar satisfações; e os que buscam "desconstruir" a história do Holocausto, ao desconstruir toda a história, chegam, perigosamente, perto dos "revisionistas" que negam a realidade do Holocausto.

E o mesmo se dá com os filósofos e críticos literários para os quais não há realidade, apenas a linguagem: não há filosofia, mas tão somente jogos mentais; não há moralidade, mas somente retórica e estética.

---

[3] Idem, ibidem, p. 244.

[4] Ver, por exemplo, o prefácio do livro *A Imaginação Liberal* e o romance *The Middle of the Journey*.

Dizem que um dos mais eminentes desses filósofos-críticos, Paul de Man, "sondou o abismo e voltou sorrindo" – o que pode nos ter preparado para a revelação de que, durante a guerra, De Man fora colaborador dos nazistas e antissemita, mas não, talvez, para a apologética dissimulada de alguns dos discípulos. Um veterano ainda mais famoso dessa escola (e um nazista ainda mais franco e impenitente), Martin Heidegger, disse que o abismo deve ser encontrado na frase "a linguagem fala", e que, no abismo, o homem pode fazer a sua "morada" e se sentir "em casa". Um dos admiradores de Heidegger, Richard Rorty, sente-se repelido pelo seu nazismo e, pessoalmente, acha que é um "sujeito sórdido", mas não deixa que tais fatos desagradáveis prejudiquem a sua filosofia. Em vez disso, Rorty infere de Heidegger lições como a de que a filosofia não deve ser "levada a sério", que os temas tradicionais da filosofia (como Moralidade e Metafísica) devem ser abordados "ludicamente", "irresponsavelmente" e que só um "metafísico pedante" acredita em tais coisas como "verdade" e "realidade".[5]

Talvez este livro devesse ser chamado de "Confissões de uma pedante incorrigível", pois é dedicado à proposição de que existem coisas como verdade e realidade e de que há uma ligação entre elas, como há uma conexão entre sensibilidade estética e imaginação moral, entre cultura e sociedade. Todos repetimos, da boca para fora, o adágio "ideias têm consequências", mas somente *in extremis* o levamos a sério, quando as ideias de Stálin ou de Hitler se transformam em realidades como *gulags* e campos de concentração. A premissa deste livro é a de que bem antes de tais situações terríveis existe um relacionamento íntimo e difuso entre o que acontece em nossas escolas e universidades, nas comunidades intelectuais e artísticas, e o que acontece na sociedade e na política.

Os ensaios deste volume, no formato original, foram escritos, publicados ou proferidos como palestras em um período de três anos. Isso pode explicar o fato de que, embora versem sobre assuntos diferentes – história, filosofia e literatura, liberalismo, marxismo, nacionalismo

---

[5] Ver mais adiante, no capítulo 1, p. 32.

e pós-modernismo –, giram em torno das mesmas ideias. Uma crítica comum no debate de questões culturais como essas é que, muitas vezes, são anedóticas ou triviais, e se focam em episódios pouco importantes e em pontos de vista que não são representativos. Tentei evitar isso ao dirigir-me, com seriedade e respeito (se bem que, por vezes, de modo crítico), à obra dos intelectuais mais importantes e talentosos, influentes dentro e fora do meio acadêmico.

Tomei a liberdade de revisar exaustivamente e aumentar os ensaios. Alguns são mais da metade maiores que as versões originais. Isso é reflexo não só de meu hábito obsessivo de reescrever e revisar, mas também dos próprios assuntos. Nem o artigo original sobre o abismo nem o sobre história pós-moderna, por exemplo, faziam menção à "desconstrução" do Holocausto, pela simples razão de que tal iniciativa intelectual só surgiu após a composição inicial desses ensaios.

Uma lição confirmada enquanto preparava este volume é como as disciplinas acadêmicas mudam rapidamente e como os modismos intelectuais se expandem. Aprendi isso logo após a publicação do meu livro *The New History and the Old*,[6] em 1987. Em uma palestra no ano seguinte, ousei sugerir (o que não dissera de modo explícito no livro) que o próximo estágio da evolução da "nova história" seria a "desconstrução" da história. O público, dentre ele alguns renomados historiadores, ridicularizou tal ideia. Disseram-me que, sem dúvida, nenhum verdadeiro historiador (isso visava excluir um conhecido filósofo da história que, todos concordavam, não poderia ser qualificado como historiador) poderia fazer algo tão absurdo. No intervalo de um ano, um número cada vez maior de historiadores, e não só filósofos da história, estava fazendo exatamente aquilo (alguns já faziam antes, mas ninguém notou). Até mesmo eu, pronta para tal evolução, não estava preparada, emocional ou intelectualmente, para o próximo passo lógico, a desconstrução do Holocausto. Agora, só imagino qual seja a

---

[6] Gertrude Himmelfarb, *The New History and the Old: Critical Essays and Reappraisals*. Cambridge, Harvard University Press, 1987. (N. T.)

próxima vanguarda da disciplina, o que escreverá tal mão misteriosa e, tendo escrito, como seguirá adiante – para expressar que tipo de nova audácia, para prenunciar em que pós-pós-modernidade?

Cada um desses ensaios me faz recordar as circunstâncias especiais em que foram criados e os indivíduos que os inspiraram. Se o espírito de Lionel Trilling paira sobre o livro como um todo, é mais visível no título do ensaio "Ao sondar o abismo".[7] Quando li o primeiro ensaio de Trilling em que essa imagem apareceu, tomei-a, como ele ostensivamente a apresentava, como um comentário sobre o ensino de literatura moderna.[8] Trinta anos depois, considero-a, creio, como era sua intenção: um comentário a respeito da cultura em geral, e não só sobre cultura, mas acerca da sociedade que reflete tal cultura.

"Sobre Heróis, Vilões e Criados" foi proferido como uma *Jefferson Lecture*, em maio de 1991, patrocinada pelo National Endowment for the Humanities.[9] (A primeira dessas palestras foi dada por Lionel Trilling quase vinte anos antes.) Sou grata ao conselho da instituição, que me escolheu para tamanha honraria, e à presidente, Lynne Cheney, que durante seu mandato promoveu, com coragem, uma visão de humanidades que ela, como Trilling, auferiu de um herói comum, Matthew Arnold.

"De Marx a Hegel" foi proferida no American Enterprise Institute, em maio de 1990, na série de conferências *Bradley Lectureship*.[10] Nessa conferência comentei a respeito da surpreendente aparição de Hegel no cenário de Washington. Devo ter feito alguma observação com relação à vitalidade intelectual gerada pelas *Bradley Lectures* em uma cidade que não é muito conhecida por feitos intelectuais.

"Liberdade: 'Um Princípio Muito Simples'?" foi escrita para um colóquio realizado pelo Institut für die Wissenschaften von Menschen

---

[7] A versão original tinha como título "The Abyss Revisited", publicada na revista *The American Scholar*, 1992.

[8] Lionel Trilling, "On the Teaching of Modern Literature" (1961), *Beyond Culture: Essays on Literature and Learning*. New York, 1965, p. 27.

[9] Publicado em *Commentary*, jun. 1991.

[10] Ensaio inédito.

que ocorreria em Castel Gandolfo, em agosto de 1992.[11] Era uma ideia inebriante – falar sobre esse assunto na presença do papa João Paulo II e ouvir os comentários dele. Infelizmente, o papa ficou doente e o colóquio se reuniu em Viena. Embora não estivesse presente, meu ensaio foi distribuído e publicado no livro de ensaios preparado para a ocasião.

"A Encruzilhada Sombria e Sangrenta: o Ponto de Encontro do Nacionalismo e da Religião" foi apresentado numa conferência do National Review Institute, em Fiesole, em outubro de 1992, memoravelmente presidida por Margaret Thatcher.[12] O título foi sugerido por um comentário de Lionel Trilling (no contexto improvável de uma discussão a propósito de Theodore Dreiser e Henry James) sobre "a sombria e sangrenta encruzilhada em que a literatura e a política se encontram".[13] A conferência transcorreu, apropriadamente (dado o meu tema), em um antigo monastério, que proporcionou um cenário tranquilo e belo para um assunto bastante problemático.

"Para Onde Foram Todas as Notas de Rodapé?" começou como um *jeu d'esprit* e se tornou mais do que isso, tanto em escrita quanto em recepção.[14] Publicado em junho de 1991, produziu mais cartas que qualquer outra coisa que tenha escrito – e cartas escritas com mais paixão do que pensaríamos que tal tema inspiraria. Um grande número de pessoas, aparentemente, guarda boas lembranças de Kate Turabian, juíza suprema das notas de pé de página, e recorda, com saudade, de seu regime rígido mas terno (como agora parece). Se houve crítica ao meu ensaio foi porque deixei de mencionar alguma regra considerada essencial àquilo que um correspondente chamou de "uma nota de rodapé muito bem elaborada".

"A História Pós-moderna" teve origem em um texto para a conferência sobre "Tradição e Criatividade na Cultura Contemporânea"

---

[11] Esse ensaio apareceu em *The American Scholar*, 1993. Há também uma versão alemã em *Die liberale Gesellschaft*. (ed.) Krzysztof Michalski, München, 1993.

[12] O ensaio foi publicado em *The National Interest*, 1993.

[13] Lionel Trilling, *A Imaginação Liberal*. São Paulo, É Realizações, 2015, p. 35.

[14] Esse ensaio apareceu em *The New York Times Book Review*, 16 jun. 1991.

organizada pelo Institute on Religion and Public Life, em maio de 1992.[15] Sou grata ao padre Richard Neuhaus (1936-2009) por provocar-me a escrever longamente a respeito de um assunto que, antes, só havia contornado e por obrigar-me a ler uma boa quantidade de literatura que não era legível ou agradável, mas que provou ser muito instrutiva.

Sou grata a todos que proporcionaram os motivos para escrever e publicar tais ensaios. Minha assistente de pesquisa, Elizabeth Anderson, foi de inestimável ajuda para achar livros esquivos, fotocopiar artigos, conferir referências e até mesmo para ensinar-me os pormenores mais sutis do editor de texto; é um prazer trabalhar com alguém tão inteligente e consciencosa, uma rara combinação de virtudes. Também sou grata ao meu editor, Ashbel Green, pelos bons conselhos e ajuizamentos, não só em relação a este livro, mas a todos os outros que viu na gráfica nos últimos vinte e cinco anos. Não devem existir muitos relacionamentos editor-autor que sejam tão constantes e tão agradáveis por tanto tempo, nem muitas outras editoras que mantenham padrões de edição tão elevados. A senhorita Turabian teria ficado orgulhosa de meu editor de texto, Melvin Rosenthal.

Por fim, mais uma vez, devo expressar minha dívida incomensurável para com meu marido, Irving Kristol. Parece-me muito apropriado que tenhamos comemorado nossas bodas de ouro de casamento (quase não acredito nisso, mas estou certa de que é isso mesmo) assim que comecei a preparar o presente volume. Também parece apropriado que nosso quarto neto deva nascer assim que der os toques finais neste livro. No entanto não parece apropriado dedicar um livro chamado *Ao Sondar o Abismo* a um marido e a uma família tão queridos. Talvez possa reparar tal omissão em meu próximo livro, sobre o assunto mais adequado das "virtudes vitorianas".[16]

---

[15] Versões anteriores desse ensaio foram publicadas como "Tradition and Creativity in the Writing of History", *First Thing*s, nov. 1992, e "Telling It as You Like It", *The Times Literary Supplement*, 16 out. 1992.

[16] O referido livro chama-se *The De-moralization of Society: From Victorian Virtues to Modern Values*. Cambridge, Harvard University Press, 1994. (N. T.)

Capítulo 1 | Ao Sondar o Abismo

Em um ensaio agora clássico, "On the Teaching of Modern Literature" [Sobre o Ensino de Literatura Moderna], Lionel Trilling descreveu a resposta de seus alunos ao curso que ministrara sobre literatura moderna:

> Pedi-lhes que olhassem, minuciosamente, o abismo. Obediente e prazenteiramente, sondaram o abismo, e o abismo lhes saudou, com a grave cortesia de todos os objetos de estudo sérios, dizendo: "Sou interessante, não sou? E *excitante*, caso levem em conta minha grande profundidade e as feras temíveis que se encontram no meu âmago. Tragam sempre em mente que me conhecer contribui, materialmente, para que sejam homens completos ou bem arredondados".[1]

Os temas do curso eram os grandes modernistas: Yeats, Eliot, Joyce, Proust, Kafka, Lawrence, Mann, Gide, Conrad. Como base, Trilling fizera com que os alunos lessem algumas obras seminais que prepararam o caminho para os modernistas: o *Golden Bough* [O Ramo de Ouro], de Frazer; *O Nascimento da Tragédia* e *A Genealogia da Moral*, de Nietzsche; a *Civilização e seus Descontentamentos*, de Freud; *O Sobrinho de Rameau*, de Diderot; de Dostoiévski, as *Notas do Subterrâneo*; de Tolstói, *A Morte de Ivan Ilitch*. Cada uma delas, tanto as obras

---

[1] Lionel Trilling, "On the Teaching of Modern Literature" (1961), *Beyond Culture: Essays on Literature and Learning*, New York, 1965, p. 27. O título original do ensaio de Trilling era "On the Modern Element in Modern Literature", uma variação da aula inaugural de Arnold, "On the Modern Element in Literature".

filosóficas quanto as literárias, foi profundamente subversiva na cultura, sociedade, moralidade, sexualidade convencional – de tudo o que já foi, confiadamente, chamado de "civilização". Essas eram as "feras temíveis" espreitando no fundo do "abismo". E foi esse abismo que, obedientes e com prazer – e de modo inteligente –, os alunos sondaram e acharam "interessante" e até mesmo "excitante".

O argumento de Trilling era que tal curso, o ensino de tais livros, era autodestrutivo, pois transformava o que deveria ser uma profunda experiência espiritual e emocional em exercício acadêmico. Em vez de ouvir o "grito selvagem" de terror, paixão, mistério, fúria, êxtase ou desespero do autor, os alunos ouviam a si mesmos (e, talvez, ao próprio professor) discursar, de maneira séria e sofisticada, sobre *Angst*, alienação, autenticidade e sensibilidade. O resultado contaminava as próprias obras e causava, exatamente, o efeito oposto do pretendido: "a socialização do antissocial, a aculturação do anticultural ou a legitimação do subversivo".[2]

A imagem do abismo assombrou o autor mais subversivo da lista de leitura de Trilling, Nietzsche, e o herói mais subversivo de Nietzsche, Zaratustra.

> O homem é uma corda estendida entre o animal e o Além-Homem: uma corda sobre um abismo.
>
> A coragem mata também a vertigem à beira dos abismos! E onde não estará o homem à beira dos abismos? Não é o próprio olhar... olhar abismos?
>
> Assustai-vos: apodera-se de vosso coração a vertigem? Abre-se aqui para vós o abismo? Ladra-vos o cão do inferno?
>
> Quem vê o abismo, mas com olhos de águia; quem se *prende* ao abismo com garras de águia: este tem coragem.[3]

---

[2] Idem, ibidem, p. 26.
[3] Friedrich Nietzsche, *Assim Falava Zaratustra: um livro para todos e para ninguém*, trad. e notas Mario Ferreira dos Santos, Petrópolis, Vozes, 2010, p. 22, 211, 358 e 360. (N. T.)

A mesma imagem está no centro d'*O Nascimento da Tragédia*, um relato do primeiro "crime antinatural", primitivo, trágico, sintetizado pelo mito de Édipo e revelado pela "sabedoria" de Dionísio. Porque tal crime é deveras monstruoso, a sabedoria que o reconhece e o abraça é igualmente criminosa, pois "aquele que por seu saber precipita a natureza no abismo da destruição há de experimentar também a si próprio a desintegração da natureza".[4] Aqueles que não têm a coragem de Dionísio, aos quais falta o "furor divino" do artista ou do poeta, devem se refugiar na serena filosofia de Apolo ou na versão mítica de Sófocles que se sobrepõem àquela "imagem luminosa que a natureza saneadora nos antepõe, após um olhar nosso ao abismo".[5] Nietzsche, no entanto, ao sondar o abismo com os olhos abertos de Dionísio, o vê como pura tragédia.

> Sim, meus amigos, crede comigo na vida dionisíaca e no renascimento da tragédia. O tempo do homem socrático passou: coroai-vos de hera, tomai o tirso na mão e não vos admireis se tigres e panteras se deitarem, acariciantes, a vossos pés. Agora ousai ser homens trágicos: pois sereis redimidos.[6]

Isso era o que os alunos de Trilling liam e o que fluentemente traduziam para o vocabulário elegante da época, domesticando, assim, as feras selvagens e acostumando-se aos terrores do abismo. Essa aproximação do abismo, Trilling observou noutra ocasião, o lembrava uma dona de casa prática, responsável: "Vindo a tomar por certa a nulidade, queria ser instruída e entretida por sentenças sobre a natureza do nada, qual o tamanho, como é guarnecido, quais serviços de gestão oferece, que tipo de conversas e diversões comporta".[7] O próprio Nietzsche

---

[4] Idem, *O Nascimento da Tragédia ou Helenismo e Pessimismo*, trad. e notas J. Guinsburg, São Paulo, Companhia das Letras, p. 62. (N. T.)

[5] Idem, ibidem, p. 62. (N. T.)

[6] Idem, ibidem, p. 120-21. (N. T.)

[7] Lionel Trilling, "James Joyce and His Letters" (1968), *The Last Decade: Essays and Reviews, 1965-75*, New York, 1978, p. 30.

previu, exatamente, essa resposta quando escarneceu dos estetas de que "se tagarelou tanto sobre arte e se considerou tão pouco a arte",[8] que usaram Beethoven e Shakespeare como temas de uma conversa frívola.

Nietzsche escreveu há mais de um século; Trilling há poucas décadas. Desde então o abismo ficou mais profundo e mais perigoso, com terrores novos e mais terríveis escondidos no fundo. As feras do modernismo mutaram-se em feras do pós-modernismo – o relativismo em niilismo, a amoralidade em imoralidade, a irracionalidade em insanidade, o desvio sexual em perversidade polimorfa. E, desde então, gerações de alunos inteligentes sob a direção de professores iluminados sondaram o abismo, contemplaram tais feras e disseram: "Que interessante, que excitante!".

* * *

Ao reler o ensaio de Trilling, fiquei pasma com sua pertinência para o presente estado da cultura acadêmica. De fato, é mais pertinente neste momento do que fora na própria época. Trilling estava incomodado pela facilidade com que grandes livros eram emasculados (uma palavra que dificilmente ousaríamos utilizar hoje), o modo com que as afirmações passionais eram reduzidas a fórmulas rotineiras e as ideias subversivas se tornavam banais e respeitáveis. Os alunos, no entanto, ao menos estavam lendo os livros e confrontando as ideias. Atualmente, não podemos dizer isso com confiança.

Hoje, os alunos de alguns dos mais respeitados departamentos de Literatura estão, muitíssimas vezes, lendo livros sobre como ler livros. A Teoria Literária substituiu a própria Literatura como o tema de estudo da moda. O estruturalismo e o desconstrucionismo, a teoria de gênero e o novo historicismo, as teorias da recepção e a dos atos de fala – estes são mais ardentemente discutidos que o conteúdo ou o estilo de determinados romances ou poemas. E quando os romances

---

[8] Nietzsche, O *Nascimento da Tragédia*, p. 132 (N. T.)

ou poemas são temas ostensivos de discussão, os teóricos são tão dominantes ("hegemônicos" ou "privilegiados", diriam), tão insistentes a respeito de sua superioridade com relação tanto ao autor como quanto à obra, que os comentários sobre esta última são pouco mais que comentários sobre o próprio modo de fazer crítica.

Um livro escrito por um teórico eminente, Jonathan Culler, começa com um capítulo chamado "Além da interpretação", sugerindo que a interpretação das obras individuais está num nível inferior para ser levada em conta por um teórico sério e, certamente, é um impedimento à teoria. "Anteriormente", observa Culler, "a história da crítica era parte da história da Literatura [...] agora a história da Literatura é parte da história da crítica".[9] Outro professor célebre, Gerald Graff, argumenta que, uma vez que as várias teorias literárias são irreconciliáveis, a única solução é torná-las o centro do ensino, tanto nas turmas de graduação como na pós-graduação.[10] Lionel Trilling teria confirmado os piores temores por tal proposta, que eleva a teoria não só acima da obra literária, mas a eleva até mesmo acima de qualquer interpretação da obra. Também teria saboreado a ironia do título do influente livro de Graff *Professing Literature* [Professar Literatura] – não ler, apreciar ou compreender a Literatura, mas "professá-la"; ou, ainda mais ironicamente, a antiga presidente da *Modern Language Association*, Barbara Herrnstein Smith, refere-se aos anos em que "professou" os sonetos de Shakespeare.[11] (A própria antologia de Trilling sobre a grande literatura é apropriadamente chamada de *The Experience of Literature* [A Experiência da Literatura].)

---

[9] Jonathan Culler, *The Pursuit of Signs: Semiotics, Literature, Deconstruction*, New York, 1981, cap. 1; Culler, *Framing the Sign: Criticism and Its Institutions*, Oklahoma, 1988, p. 40.

[10] Gerald Graff, *Professing Literature: An Institutional History*, Chicago, 1987, p. 252 ss. Ver também: Graff, *Beyond the Culture Wars: How Teaching the Conflict Can Revitalize American Education*, New York, 1992.

[11] Barbara Herrnstein Smith, *Contingencies of Value: Alternative Perspectives for Critical Theory*, Cambridge, Massachusetts, 1988, p. 5.

Ademais, a literatura que é "professada", quando os teóricos se dignam a debater as verdadeiras obras literárias, são "textos" – a própria palavra deprecia tanto a ideia de literatura quanto a ideia de grandeza. Como texto, Super-homem é tão merecedor de ser estudado quanto Shakespeare, ou uma obscura autora feminina (ininteligível por bons motivos literários) é tão meritória quanto George Eliot (que é suspeita não só por ter adotado um pseudônimo masculino, mas porque declarou ser escritor e não uma mulher escritora). Um aluno de pós-graduação da Louisiana State University, atento à grande tradição da universidade epitomizada por Cleanth Brooks, Robert Penn Warren e *The Southern Review*, ficou consternado ao descobrir que os sucessores, determinados a abrir o "cânone" para escritoras mulheres e negros, pouco se importavam com o mérito literário dos livros e não tinham nenhuma paixão ou mesmo entusiasmo pelos próprios livros. Estão, crê, mais interessados em fazer declarações políticas que literárias e estão mais interessados em teoria que literatura – de qualquer tipo. Uma vez designado para "desconstruir algo", um aluno empreendedor escolhe desconstruir o jogo de *Trivial Pursuit*,[12] para o deleite do professor.[13]

Se a literatura é o que os teóricos escolhem chamar por tal nome, não surpreende que a interpretação (quando se dignam a interpretar) é o que resulta disso. Um dos gurus dessa escola, Stanley Fish, disse certa vez que o fim da objetividade "alivia-me da obrigação de estar certo [...] e requer somente que eu seja interessante".[14] Agora ele se arrepende dessa declaração, mas não rejeita o sentimento. Com certeza, o que os teóricos consideram "interessante" pode não

---

[12] Jogo de tabuleiro lançado pela Hasbro e muito famoso nos Estados Unidos desde a década de 1970, que testa o conhecimento dos jogadores em seis áreas do conhecimento. No Brasil, algo semelhante foi lançado em 1982, o jogo de tabuleiro *Master*, pela Grow. (N. T.)

[13] Elizabeth Connell Fentress, "Why I Left Graduate School", *New Criterion*, jun. 1989, p. 78.

[14] Stanley Fish, *Is There a Text in This Class?*, Cambridge, Massachusetts, 1980, p. 180.

ser o que o leitor letrado, que não está familiarizado com a linguagem misteriosa e o raciocínio convoluto, acharia ininteligível, muito menos interessante. Para os teóricos, o que é interessante é aquilo que é extravagante, paradoxal, contraditório, obscuro. Já que não existe uma interpretação "correta", as oportunidades de a coisa se tornar "interessante" nesse sentido são ilimitadas. E uma vez que romances e poemas são apenas "textos" (ou são "pretextos"), eles são indeterminados e, portanto, totalmente maleáveis. Podem ser "textualizados", "contextualizados", "recontextualizados" e "intertextualizados" à vontade. O resultado é uma espécie de associação verbal livremente flutuante, em que cada palavra ou ideia pode sugerir qualquer outra coisa (incluindo, ou especialmente, o oposto), e qualquer texto pode ser relacionado, de qualquer maneira, a algum outro.

De fato, as próprias palavras do texto são refundidas, rearranjadas e redefinidas. Pelo uso engenhoso das aspas, hifens, barras e parênteses dentro e ao redor das palavras, ao acrescentar ou subtrair sílabas ou riscando palavras ao mesmo tempo em que são mantidas no texto, o crítico pode obter trocadilhos, duplos sentidos, paradoxos, ambiguidades e antíteses que comprovem a "aporia" intrínseca da linguagem, o jogo infinito da "*différance*". Um comentarista inglês foi levado a afirmar que a nossa época é a "era das aspas e das ideias apagadas".[15]

Nesse mundo esopiano, Jacques Derrida é livre para transmutar o filósofo Hegel na palavra "Hegel", que evoca a *aigle* francesa, conotando ou assim o "poder imperial ou histórico".[16] Isso, por sua vez, inspirou Geoffrey Hartman a identificar *aigle* com o *Ekel* de Nietzsche, que significa "repugnância".[17] Por tais ginásticas verbais, o crítico pode entregar-se às contorções mais elaboradas e produzir

---

[15] Richard King, "The Discipline of Fact / The Freedom of Fiction", *Journal of American Studies*, Cambridge, England, 1991, p. 172.

[16] Jacques Derrida, *Glas*, Paris, Galilée, 1974, p. 7.

[17] Geoffrey H. Hartman, *Criticism in Wilderness: The Study of Literature Today*, New Haven, 1980, p. 138-41, 207-8, 210, 264.

os efeitos mais surpreendentes, sem quaisquer restrições a não ser os limites da própria destreza e audácia. A pessoa se encontra numa posição invejável, embora não seja tão invejável pelo tema de seu exercício, o filósofo Hegel, que foi tão prontamente reduzido a um objeto "repugnante".

Nem todos os adeptos de tais artes se identificam como desconstrucionistas. Geoffrey Hartman descreveu a si mesmo e a Harold Bloom como "pouco desconstrucionistas", comparados aqueles "desconstrucionistas entusiastas" como Derrida, Paul de Man e J. Hillis Miller.[18] Outros foram mais vulgarmente agraciados como desconstrucionistas "brandos" ou "pesados".

Após as revelações a respeito da colaboração de Paul de Man com os nazistas, alguns dos membros mais "brandos" dessa escola deserdaram, negando que são ou que já foram desconstrucionistas. Alguns professam não conhecer nenhum desconstrucionista. Outros permaneceram firmes, defendendo tanto a desconstrução como Paul de Man. O próprio Hartman aproveitou a oportunidade para oferecer uma interpretação da desconstrução bem "branda" – era essencialmente, disse, uma "defesa da literatura" e uma "crítica ao idealismo alemão" – que a maioria dos críticos literários podem ser considerados como desconstrucionistas involuntários.[19]

* * *

A desconstrução não é somente uma variante das modalidades familiares de interpretação crítica, ela deve ser vista ao analisar um dos mais conhecidos e mais conceituados exemplos do gênero: a análise de J. Hillis Miller de um dos poemas "Lucy" de Wordsworth, "A Slumber Did My Spirit Seal". Esse ensaio é especialmente digno de nota porque Miller é uma das personalidades mais influentes

---

[18] Hartman et al., *Deconstruction and Criticism*, New York, 1990, p. ix.
[19] Hartman, "Blindness and Insight", *New Republic*, 7 mar. 1988, p. 29.

dessa escola; porque é tão apaixonado por sua leitura do poema que a repetiu em diversas ocasiões; porque foi tomada como modelo de desconstrução pelos próprios desconstrucionistas, e porque ousa interpretar um poema que é admirado por gerações de leitores e comentado por uma série de estudiosos.[20] Ademais, o próprio poema tem a virtude de ser tão breve – somente oito breves linhas – que podemos facilmente lembrar ao ler a interpretação.

> Um torpor selou minha mente;
> Não tinha temores humanos:
> Ela parecia coisa que não sente
> O toque dos terrenos anos.
>
> Não se move, agora, sem força;
> Não ouve ou vê;
> No curso diurnal da terra, envolta,
> Na rocha, na pedra e na árvore.[21]

Tradicionalmente, o poema é lido como uma elegia, um memorial a uma moça que morreu tragicamente cedo. A maior parte dos comentadores insistiu naquilo que seria óbvio para qualquer leitor sério – no contraste, por exemplo, entre passado e presente, vida e morte, inocência da juventude e o trágico senso da mortalidade que surge com o passar dos anos. Miller descobre no poema muitos outros contrastes, a começar pelo "masculino oposto ao feminino" e segue para

---

[20] Essa explicação é baseada no ensaio de Miller, "On Edge: The Crossways of Contemporary Criticism", *Romanticism and Contemporary Criticism*, ed. Morris Eaves e Michael Fisher, Ithaca, Cornell University Press, 1986, p. 102-11. Para um resumo das interpretações tradicional e desconstrucionista desse poema, ver: David Lehman, *Signs of the Times: Deconstruction and the Fall of Paul de Man*, Nova York, Poseidon Press, 1992 (reimp.), p. 125-29.

[21] No original: *A slumber did my spirit seal; / I had no human fears; / She seemed a thing that could not feel / The touch of earthly years. / No motion has she now, no force; / She neither hears nor sees; / Rolled round in earth's diurnal course, / With rocks, and stones, and trees.* (N. T.)

"a mãe contra a filha ou irmã, ou talvez, qualquer membro feminino da família em oposição a uma mulher fora da família, ou seja, a mãe, irmã ou filha contra a amante ou a esposa, em suma, desejos incestuosos contra legítimos sentimentos sexuais". Ele também relaciona no poema algumas autoridades como as de Walter Benjamin, Paul de Man, Nietzsche, Wallace Stevens, Platão, Tales de Mileto e, especialmente, Heidegger – segundo o princípio de que qualquer texto é relevante para todos os outros, não importando quão distante o tempo ou o tema. Assim, o jogo de Heidegger com a palavra "*thing*" [coisa] no comentário sobre o *Teeteto* de Platão é aplicado ao uso que Wordsworth faz dessa palavra [verso 3]. Onde o "leitor comum" presume que a referência à moça no poema como "coisa" seria para enfatizar o fato de ela não estar mais viva, Miller, inspirado por Heidegger, explica que a "jovem moça" (provavelmente viva ou morta) é uma coisa porque "nela falta algo que os homens possuem".

O poema, no entanto, é ainda mais "estranho" do que isso, diz Miller, ao seguir a explicação do "obscuro drama sexual", um drama que tem como fonte a morte da mãe do próprio Wordsworth quando o poeta tinha oito anos. Lucy representa, ao mesmo tempo, "a criança virgem e a mãe perdida", uma "coisa virgem" que "é sexualmente penetrada e ainda assim permanece virgem". O narrador no poema não é somente o oposto de Lucy – "o masculino ao seu feminino, o conhecimento adulto diante da inocência pré-púbere dela"; ele também é "o representante deslocado tanto do penetrado como do penetrador". De fato, Lucy e o narrador são "o mesmo", apesar de o poeta ser também "a diferença perpetuamente excluída de Lucy, um incremento desnecessário, como uma criança abandonada". Visto que "Lucy" significa ("é claro") luz, "possuir" Lucy seria reunir-se à "fonte da luz"; assim, Lucy também é o princípio masculino, "o pai--sol como *logos*". Pensar a respeito da morte de Lucy é causar a sua morte, pois "pensar recapitula numa imagem de espelho invertida a ação dos 'terrenos anos' de toque, penetração, possessão, assassínio, cerceamento, transformação do outro em si próprio e, portanto, algo que deixa somente um cadáver, um sinal vazio".

E assim segue a interpretação, dando cada vez mais voltas, com Miller, finalmente, concluindo que "aparentemente" havia se desviado do tema do ensaio: "o estado dos estudos literários contemporâneos". Também podemos concluir que ele foi muito além dos oito delicados versos do poema.

Esse exercício de desconstrução evoca uma imagem usada por Trilling em outro ensaio profético. Enquanto os críticos literários, disse, dotavam a literatura com "poderes praticamente angélicos", também estavam deixando claro, para os leitores de literatura, que "a única coisa que a pessoa não faz quando encontra um anjo é lutar com ele".[22] O que diria dos críticos de hoje que dizem aos leitores que, ao encontrar um anjo, não só devem lutar, mas devem brincar com ele –jogar com as palavras, manipular irrefletidamente o "texto", destruir a razão, o bom senso e a emoção? É irônico, tendo em vista a turgidez da prosa, encontrar desconstrucionistas a invocar, solenemente, o princípio da *jouissance* [prazer, deleite] ou *tromperie* [farsa, burla], e ouvir Geoffrey Hartman chamá-los, não como crítica, mas como elogio, de "bufões ou *jongleurs*".[23]

É nesse mesmo espírito, de maneira divertida e ao mesmo tempo cansativa, que os desconstrucionistas evocam a imagem do abismo, um abismo que existe para eles somente na linguagem. Todos não experimentamos, observa Hartman, "o medo (um terror palpitante) do abismo em todas as palavras cujas ressonâncias nos assombram e devem ser aplacadas"?[24] O prefácio a uma das obras de Derrida explica: "A queda

---

[22] Lionel Trilling, "The Two Environments" (1965), *Beyond Culture*, p. 231.

[23] Hartman, "The State of the Art of Criticism", *The Future of Literary Theory*, ed. Ralph Cohen, Routledge, 1989, p. 100.

[24] Idem, *Saving the Test: Literature/ Derrida/ Philosophy*, Baltimore, 1981, p. 151. Hartman fala do "abismo de palavras" na introdução de *Deconstruction and Criticism*, p. ix.

no abismo da desconstrução inspira-nos tanto prazer quanto medo. Somos intoxicados com a perspectiva de nunca chegar no fundo".[25]

E Paul de Man é descrito como o "único homem que já sondou o abismo e saiu sorrindo".[26] De Man saiu sorrindo pelo mesmo motivo que Hartman creu ser o abismo aterrorizante e Derrida, aprazível – porque seu abismo é puramente linguístico, inteiramente construído por palavras – de fato, por um jogo de palavras. E, por ter sido construído de modo tão intencional, pode ser reconstruído ou desconstruído a seu talante.

* * *

A Filosofia também tem seus abismos, e alguns filósofos os enfrentam da mesma maneira – divertida e irreverentemente, como uma construção linguística, que não tem "correspondência" com nada que se apresente como "realidade" ou "verdade". Citam muitas máximas de Nietzsche a esse respeito, tal como a célebre sobre a verdade: "Verdades são ilusões que se esqueceram de que *são* ilusões, metáforas desgastadas que se tornaram incapazes de afetar os sentidos; moedas que têm o reverso apagado e não mais são tidas como moedas, apenas como simples metal".[27] Entretanto, não há nada de ilusório ou metafórico no abismo de Nietzsche, que é o fato trágico, primitivo, da condição humana. O abismo de Heidegger, por outro lado, deve ser encontrado na frase "a linguagem fala", e nesse abismo a pessoa não cai "para baixo", mas "para cima"; certamente, "sente-se em casa, [...] encontra residência, morada, para a vida do homem".[28]

---

[25] Jacques Derrida, *Of Grammatology*, trad. Gayatri Chakravorty Spivak, Baltimore, Johns Hopkins University Press, 1976, p. lxxvii.

[26] Lehman, p. 155-56.

[27] F. Nietzsche, "On Truth and Falsity in an Extra Moral Sense", em *Early Greek Philosophy and Other Essays*, trad. M. A. Mügge, *The Complete Works of Friedrich Nietzsche*, ed. Oscar Levy, New York, 1964, II, 180.

[28] Martin Heidegger, *Poetry, Language, Thought*, trad. Albert Hofstadter, New York, 1971, p. 191-92.

Richard Rorty, um dos filósofos mais respeitados dos Estados Unidos, denomina-se pragmatista, mas de modo muito "irreflexivo", como diria, de maneira que dificilmente reconhecemos qualquer parentesco com o seu progenitor particularmente sóbrio, John Dewey. O princípio mestre que governa a filosofia de Rorty é não existir princípio fixo ou fundamental, nenhuma verdade "essencial" ou realidade. De fato, a filosofia, diz, não existe mais como uma disciplina independente. Marx prometeu abolir a filosofia ao substituí-la por uma "ciência positiva" – ou seja, o marxismo, que está fadado a ser científico e não filosófico por ser, simplesmente, a representação da "realidade".[29] Rorty aboliria a filosofia ao abolir a própria realidade, que nada mais é que uma construção arbitrária do filósofo.

Diferente de Marx, Rorty está confiante de que sua revolução, em grande parte, já se realizou. Está ficando cada vez mais difícil, observa Rorty, bem-humorado, achar "o verdadeiro esnobe metafísico" que acredita existir uma "realidade" a ser explorada e uma "verdade" acerca da realidade a ser descoberta. Restaram, certamente, poucos desses pássaros dodó.

> Podemos encontrar professores de Filosofia que irão solenemente dizer que estão buscando *a verdade*, não apenas uma história ou um consenso, mas uma representação acurada, genuína e simples de como é o mundo. Alguns deles até mesmo afirmarão escrever de modo claro, preciso, transparente, ufanando-se da valorosa franqueza, de ter abjurado dos artifícios "literários".[30] [31]

---

[29] Karl Marx, *The German Ideology*, em K. Marx e F. Engels, *Basic Writings on Politics and Philosophy*, ed. Lewis S. Feuer, New York, 1959, p. 248.

[30] Richard Rorty, *Essays on Heidegger and Others*, Philosophical Papers, vol. II, Cambridge, Cambridge University Press, 1991, p. 86.

[31] Isso recorda uma passagem muito citada da obra *A Mitologia Branca*, de Derrida, "a ingenuidade metafísica do ignóbil peripatético" que não percebe que a metafísica nada mais é que mitologia:

> Uma mitologia branca que reúne e reflete a cultura ocidental: o homem branco toma a própria mitologia (ou seja, a mitologia indo-europeia),

O próprio Rorty desistiu desse "machismo filosófico"[32] tão antiquado. Foi tão além do repúdio ao "machismo" e aplicou o pronome feminino ao filósofo "antiessencialista" e o pronome masculino ao "essencialista" – após identificar-se como um "antiessencialista".[33]

Em vez de buscar uma verdade essencial, Rorty recorre aos filósofos para "sonhar tantos contextos novos quantos forem possíveis, [...] para serem tão polimorfos nas sistematizações quanto possível, para recontextualizar por prazer".[34] Devem, de fato, se tornar filósofos *cum* poetas, ao adotar um "esteticismo irreflexivo" diante das perguntas filosóficas tradicionais, pois somente tal esteticismo pode promover o "desencantamento do mundo". Tal desencantamento, além disso, deve prolongar-se até a moralidade, bem como à verdade. Só porque outras pessoas levam a sério as questões morais, isso não quer dizer que os filósofos devam partilhar de tal seriedade. Ao contrário, devem "escarnecê-los por tal costume" de manter a seriedade e fazê-los olhar para as questões morais de maneira estética, lúdica.[35]

"Levar a filosofia a sério", explica Rorty, não é apenas filosoficamente ingênuo, por pressupor uma realidade e uma verdade que não existem, mas politicamente perigoso, pois o essencialismo encoraja o fundamentalismo e o fanatismo do tipo apresentado pelos xiitas, marxistas e nazistas. Esse é o grande erro de Heidegger. Não são suas doutrinas particulares sobre a natureza do homem, razão ou história que são "intrinsecamente fascistas", nem suas doutrinas são invalidadas por ele mesmo ter sido um nazista, um antissemita e, de modo

---

seu *lógos* –, ou seja, o *mito* do idioma, como a forma universal daquilo que ainda é seu inescapável desejo chamar de razão. (Derrida, "White Mythology: Metaphor in the Text of Philosophy", *New Literary History*, 1974, p. 11.)

[32] Richard Rorty, *Essays on Heidegger*, p. 86.

[33] Idem, *Objectivity, Relativism and Truth*, Philosophical Papers, vol. I, Cambridge University Press, 1991, p. 99-102.

[34] Ibidem, p. 110.

[35] Ibidem, p. 194.

geral, "um sujeito sórdido e um tanto desagradável". Seu erro, ao contrário, é pensar que "a filosofia deva ser levada a sério". Rorty nos adverte desse equívoco comum. Um filósofo original é o produto de uma "excentricidade neutra", e não devemos buscar nele mais sabedoria ou virtude do que buscaríamos num matemático original, num microbiólogo ou num mestre de xadrez. Heidegger, nesse sentido, é original e devemos tirar e fazer dele o que desejarmos – o que não é, de modo algum, admite Rorty, o que Heidegger teria apreciado. O modo apropriado de abordar Heidegger é "ler suas obras como ele não gostaria que fossem lidas: num momento tranquilo, com curiosidade e com uma mente aberta e tolerante".[36]

Talvez devêssemos ler tais obras como romances. Se Rorty não encontra nenhuma sabedoria na filosofia, não a encontra na ficção, que não é sobrecarregada por "noções transculturais de validade". Ao endossar o respeito de Milan Kundera à "sabedoria do romance", Rorty anuncia que, com satisfação, se uniria a Kundera "recorrendo ao romance em oposição à filosofia". Seguramente, isso pode ter consequências desagradáveis, uma vez que a "esfera de possibilidade", como se revela num romance, é ilimitada e incontrolável. Isso pode não significar que, por exemplo, "a sabedoria do romance abarca a percepção de como Hitler poderia ser visto como o 'correto' e os judeus os 'errados'"? Sim. E, certamente, serão escritos romances, que retratarão Hitler do modo como ele mesmo se via e que persuadam os leitores a concordar com ele. Tais romances serão escritos e *devem* ser escritos, insiste Rorty, caso sejamos fiéis, como devemos ser, à "sabedoria do romance".[37]

Kundera não tinha, de fato, escrito tal romance, e é improvável que fosse escrevê-lo. Mas Heidegger escreveu livros e deu conferências

---

[36] Idem, "Taking Philosophy Seriously", *New Republic*, 11 abr. 1988, p. 31-34.

[37] Idem, "Truth and Freedom: A Reply to Thomas McCarthy", *Critical Inquiry*, Primavera, 1990, p. 638-39.

que justificavam o nazismo – não somente no início do regime nazista, mas depois da guerra, quando os fatos do Holocausto já eram plenamente conhecidos. Em 1948, repreendido por Herbert Marcuse por não abjurar o apoio ao regime ou denunciar o extermínio dos judeus, Heidegger respondeu que as ações de Hitler eram comparáveis às medidas tomadas pelas forças aliadas contra os alemães orientais. No ano seguinte ministrou uma palestra que pode ser o ponto alto em "equivalência moral". "A agricultura", declarou, "é, hoje, uma indústria de alimentos motorizada, em essência a mesma coisa que produzir corpos nas câmaras de gás e campos de extermínio, o mesmo que o bloqueio militar e a fome no campo, a mesma coisa que a produção de bombas de hidrogênio".[38]

Ao sondar o abismo da filosofia, poderíamos dizer que Heidegger viu as feras do nazismo e as achou toleráveis. Rorty olhou detidamente no abismo de Heidegger – de maneira tranquila, curiosa e tolerante – e viu não aquilo que Heidegger viu, mas um "autor original e interessante". Divorciado de qualquer verdade "essencial", de qualquer moralidade prática, e das consequências políticas da própria filosofia, Heidegger pode ser imediatamente assimilado na filosofia – ou antifilosofia – de Rorty. Justamente por isso podemos prescrutar Rorty e vê-lo não como ele mesmo se vê – o único filósofo pragmático, sensato, da democracia liberal –, mas como o proponente de um relativismo *cum* esteticismo às raias do niilismo e que pode, em última análise, subverter a democracia liberal juntamente com todas as outras noções metafísicas pedantes acerca de verdade, moralidade e realidade.

* * *

Igualmente, a disciplina da História tem uma parcela enorme de abismos e um número ainda maior de historiadores preparados para

---

[38] Victor Farias, *Heidegger and Nazism*, eds. Joseph Margolis e Tom Rockmore, trad. Paul Burrell e Gabriel R. Ricci, Philadelphia, Temple University Press, 1989 [1ª ed. 1987], p. 283, 287.

fazer com eles o que desejarem. Como aqueles críticos literários que recontextualizam e desconstroem os textos, ou aqueles filósofos que abolem a filosofia e estetizam a moralidade, da mesma maneira existem historiadores que propõem "desmistificar" (e alguns diriam "des-historicizar") a história. Essa é a intenção por trás de algumas das escolas de história "da moda": as que explicam tudo em termos de classe, raça ou gênero; a que se foca totalmente na vida cotidiana das pessoas comuns ("história vista de baixo"); a que "estruturaliza" a história substituindo indivíduos, acontecimentos e ideias por estruturas impessoais, forças e instituições; e aquela que a "desconstrói", tornando todas as afirmações sobre o passado construções estéticas do historiador.[39]

O efeito, em cada um dos casos, é silenciar o drama da história, esvaziá-lo de conteúdo moral, mitigar o mal e minimizar a grandeza. É irônico descobrir que essas escolas florescem numa época em que a realidade da história é tão dramática, quando prescrutamos as profundezas da degradação e testemunhamos esforços heroicos de redenção. Ao sondar o mais terrível dos abismos dos tempos modernos, esses historiadores não veem feras, mas burocratas sem rosto; não veem corpos, mas estatísticas; não veem atos intencionais de brutalidade ou assassinatos, mas a rotina banal do dia a dia; não veem câmaras de gás e *gulags*, mas um conjunto de fatos militares, industriais e geopolíticos.

De todas essas escolas, a "história vista de baixo" parece ser a mais inocente. Defronte ao abismo, no entanto, é tão evasiva e enganadora quanto as outras. Se ela não pode apreciar os méritos da grandeza, também não pode apreciar a enormidade do mal. *Alltagsgeschichte*, a história cotidiana, do dia a dia do trabalho, pode nos dizer muito mais sobre a vida diária dos alemães comuns na época da guerra – a maneira

---

[39] Para uma discussão de estruturalismo e história, ver capítulo II do presente livro, "Sobre Heróis, Vilões e Criados"; e, para desconstrução, ver, deste mesmo livro, capítulo VII, "A História Pós-Moderna".

como se ocupavam no trabalho, como lutavam para equilibrar o orçamento doméstico, como lidavam com as dificuldades do racionamento e da escassez, como enviavam maridos e pais de família para morrer no estrangeiro e sofriam ferimentos e mortes, em casa, por conta dos ataques aéreos. Tudo isso pode ser verdade, mas, dificilmente, é toda a verdade, ou mesmo, a parte mais essencial da verdade. Tomando por padrão a Antropologia, essa modalidade de história professa ser "livre de valores". "O resultado", como assinalou um historiador, é que "o cotidiano no Terceiro Reich pode ser recordado como nada mais que uma vida rotineira".[40] Outro explica que isso transmite "a normalidade de um alemão 'normal' vivendo uma vida 'normal'", mas não nos diz nada sobre a singularidade – de fato, anormalidade – daquela época.[41]

Mesmo no que nos diz, pode ser enganador. Se as pessoas comuns não podem dar testemunho dos horrores dos campos de concentração ou dos assassinatos em massa, deliberados e sistemáticos, oferecem uma prova distorcida dos acontecimentos que faziam parte de sua experiência diária – espancamentos nas ruas, crianças expulsas das escolas, judeus retirados à força de seus lares e empregos. Tais eventos devem ter contrariado muito pouco as consciências das pessoas preocupadas com os próprios afazeres ou, pode ser, preparadas para ignorá-los ou minorá-los porque elas mesmas não lhes opunham. O historiador que busca por provas de antissemitismo nas pessoas comuns pode encontrar somente um antissemitismo "moderado", "passivo", e não terá como saber do efeito de tal antissemitismo ao sancionar e, portanto, promover um antissemitismo oficial, virulento. Ou, ao encontrar indícios de uma crença popular na eugenia, o historiador deve classificar

---

[40] Charles S. Maier, *The Unmasterable Past: History, Holocaust, and German National Identity*, Cambridge, Harvard University Press, 1988, p. 36-37.

[41] Dan Diner, "Between Aporia and Apology: On the Limits of Historicizing National Socialism", *Reworking the Past: Hitler, the Holocaust, and the Historians' Debate*, ed. Peter Baldwin, Boston, Beacon Press, 1990, p. 139.

aquele antissemitismo mitigado sob uma categoria de eugenia mais ampla, "funcional".

O efeito de tal história será criar "uma solução final sem nenhum antissemitismo; um Holocausto que não é sem paralelo".[42] Pode até retirar Hitler completamente da história social do período nazista. E, sem Hitler, não resta mais nada, a não ser o normal e o banal, *Alltagsgeschichte* se torna uma apologia ao nazismo.[43]

* * *

O modo mais recente e elegante de desmistificar o Holocausto é pela "desconstrução". Em princípio, a desconstrução é obrigada a "problematizar" o Holocausto como faz em todos os "textos" históricos. Por conta das suscetibilidades do assunto e para evitar a identificação com a escola "revisionista" que nega a realidade do Holocausto, os desconstrucionistas têm caminhado com cautela.[44] No entanto, são menos reticentes quando confrontados com a revelação de que um de seus líderes, Paul de Man, escrevera artigos antissemitas para um jornal diário pró-nazista no início da guerra. Se tais escritos de Paul de Man – e, mais importante, a atitude evasiva e dissimulada a respeito disso e de assuntos correlatos que De Man manteve por toda a vida – devem ou não ser interpretados como uma reflexão sobre a própria desconstrução, não pode haver dúvidas de que a resposta dos colegas, em forma de longos ensaios, é parte de uma literatura de desconstrução. Pois ao se reunirem para defender Paul de Man, como fez a maioria, desconstruíram os "textos" desse autor tanto quanto desconstruiriam qualquer texto literário, filosófico ou histórico – e, igualmente, desconstruíram os críticos.

---

[42] Mary Nolan, "The *Historikerstreit* and Social History", em *Reworking the Past*, p. 243.

[43] Diner, p. 140. Ver também: David F. Crew, "*Alltagsgeschichte*: A New Social History 'from Below'?", *Central European History*, set./dez. 1989.

[44] Ver capítulo VII do presente livro, "A História Pós-Moderna".

O ensaio de Jacques Derrida sobre Paul de Man é um clássico do gênero. De Man dissera que era uma forma de "antissemitismo vulgar" pensar que a cultura alemã pudesse ser identificada com o judaísmo. Derrida interpreta isso de modo a significar algo diferente do que um leitor daquele jornal certamente teria compreendido – de que seria "vulgar" identificar a cultura alemã com judaísmo – mas, em vez disso, diz que Paul de Man estava condenando o "*próprio antissemitismo porque* [itálicos de Derrida] é vulgar, sempre e essencialmente vulgar". Tendo absolvido, dessa maneira, De Man da acusação de antissemitismo, Derrida prossegue na acusação dos críticos (os "promotores", como os chama) como os verdadeiros culpados – nazistas dos últimos dias, na realidade. São eles que reproduzem o "gesto exterminador" ("gesto"!) dos nazistas por, praticamente, "censurar (*sic*) ou queimar" os livros de Paul de Man e que falam dele como um "propagador", que é uma palavra-código para "censura" (*sic*) e "denúncia" à polícia. São esses críticos os culpados de uma "moralização ideologizante" que é a "própria imoralidade". E essa é uma "guerra" deles, a guerra na imprensa, a guerra entre os críticos e os amigos de Paul de Man, e até mesmo uma guerra interna do próprio Paul de Man, isso está em questão tanto quanto a guerra com os nazistas. Após ler esse exercício em desconstrução e apologética, podemos compreender a observação de Derrida de que o sentimento opressivo gerado nele ao pensar em tudo isso é de "imensa compaixão" não, como poderíamos pensar, pelas vítimas do nazismo, mas pelo "enorme sofrimento" e "agonia" de Paul de Man.[45] [46]

---

[45] Jacques Derrida, "Like the Sound of the Sea Deep Within a Shell: Paul de Man's War", em *Responses on Paul de Man's Wartime Journalism*, ed. Werner Hamacher et al., Lincoln, University of Nebraska Press, 1989, p. 129, 143, 149, 154, 157, 164 (n. 44). (Esse artigo apareceu anteriormente na *Critical Inquiry*, Primavera, 1988.)

[46] Derrida respondeu às revelações sobre o nazismo de Heidegger com semelhante espírito de compaixão. Heidegger fora, explica, por curto tempo, enganado pelo nazismo por um erro filosófico dele mesmo, um subjetivismo mal

Outros foram menos imaginativos na defesa de Paul De Man, desculpando-o em razão da aberração juvenil, da conveniência política e da fragilidade humana. Um defensor se consola com o fato de que De Man propôs não o extermínio dos judeus, mas apenas que fossem expulsos da Europa;[47] outros disseram que ele não era antissemita, apenas "intelectualmente vulgar".[48] Ainda outro nos recorda que, embora tenham surgido muitos fatos sobre o caso, os fatos em si não têm significado. "É tudo uma questão de interpretação, e cada interpretação irá, provavelmente, revelar mais sobre o intérprete que a respeito de Paul de Man."[49]

Geoffrey Hartman, um dos admiradores mais leais de Paul de Man (e, como ressalta, ele mesmo um refugiado da Alemanha nazista), é atingido pelo comportamento de De Man, mas acha a "reação norte-americana, na pressa de julgar, tão dura quanto receber as revelações originais".[50] Também acha que tais revelações, vistas em perspectiva, não são tão ruins quanto poderíamos crer. Os escritos de Paul de Man

---

orientado e um "humanismo metafísico". Quanto ao silêncio posterior de Heidegger a respeito do Holocausto, Derrida também crê ser defensável. Em vez disso, reserva críticas àqueles que são rápidos em condenar o silêncio; tais pessoas é que são "um tanto indecentes, e até obscenas". Ver: Jean-François Lyotard, *Heidegger and "the Jews"*, trad. Andreas Michel e Mark S. Roberts, Minneapolis, University of Minnesota Press, 1990, p. xxviii (entrevista de Jacques Derrida, citada no prefácio por David Carroll). Ver também: Thomas Sheehan, "A Normal Nazi", *New York Review of Books*, 14 jan. 1993, p. 31.

[47] Ortwin de Graef, "Aspects of the Context of Paul de Man's Earliest Publications", *Responses*, p. 113. Foi de Graef, um jovem estudioso e admirador de Paul de Man, quem descobriu tais artigos.

[48] S. Heidi Krueger, "Opting to Know: On Wartime Journalism of Paul de Man", ibid., p. 307.

[49] David H. Hirsch, *The Deconstruction of Literature: Criticism After Auschwitz*, Hanover, Brown University Press, 1991, p. 108-09, citando Leon S. Roudiez, "Searching for Achilles' Heel: Paul de Man's Disturbing Youth", *World Literature Today*, 1989, p. 439.

[50] Hartman, *Minor Prophecies: The Literary Essay in the Culture Wars*, Cambridge, Harvard University Press, 1991, p. 124-25.

eram, certamente, antissemitas, mas não de um antissemitismo "vulgar", ao menos "não pelos padrões terríveis de hoje"; e os comentários dele a respeito do "problema judeu" são "moderados", comparados à "viciosa" propaganda política em outros artigos acadêmicos. De Man foi apenas uma parte de um problema maior. Seu "sórdido segredo" era o "segredo vil de boa parte da Europa civilizada", de modo que, "novamente", Hartman observa, falando de todos nós, "sentimo-nos traídos pelos intelectuais". E se o próprio De Man escolheu não revelar esse segredo e nunca reconhecer o passado, isso era porque fazê-lo seria um "esforço de justificação", portanto, uma repetição do "erro" original. O que fez, em vez disso, foi se dedicar à obra de sua vida, uma crítica da "retórica do totalitarismo", a tendência a "totalizar" a linguagem e a literatura. E isso, conclui Hartman, "parece um ato de consciência tardio, mas, ainda assim, convincente".[51] [52]

Se a defesa de Paul de Man, muitas vezes, parece uma defesa da própria desconstrução, ela também lança mão de argumentos que, nitidamente, violam os princípios da desconstrução. Dessa maneira, os críticos são levados a deixar de considerar as "intenções autorais",

---

[51] Idem, "Blindness and Insight", *New Republic*, p. 30. Esses e outros pontos foram desenvolvidos extensivamente na obra de Hartman *Minor Prophecies*, p. 123-48.

[52] Outro colega e discípulo de Paul de Man, Shoshana Felman, explica por que o silêncio, a recusa em confessar, foi, em si, uma afirmação ética:

> No testemunho de uma obra que desempenha, ativamente, um exercício de silêncio não como simples silêncio, mas como a recusa absoluta de qualquer trivialização ou discurso de legitimação (de apologia, de narrativa ou de explicação psicologizante da história recente), De Man articula [...] a incapacidade do discurso apologético para dar conta da história como o Holocausto, a impossibilidade ética de *uma confissão que, histórica e filosoficamente, não pode ocorrer*. Essa articulação complexa da impossibilidade da concessão incorpora, muito paradoxalmente, não uma negação da culpa do autor, mas, ao contrário, a hipótese mais radical e irrevogável de responsabilidade histórica. (Shoshana Feldman, "Paul de Man's Silence", *Critical Inquiry*, Verão, 1989, p. 733 – itálicos do autor.)

o contexto histórico e biográfico dos artigos, e até mesmo o testemunho dos conhecidos. J. Hillis Miller invoca alguns desses argumentos, chegando a ponto de acusar os críticos de causarem um enorme dano às "possibilidades de um debate racional e inteligente".[53] Similarmente, Derrida, alegando encontrar erros factuais em um artigo crítico, "tem calafrios ao pensar que o autor leciona história em uma universidade".[54] Se nos surpreendemos ao ouvir sentimentos tão convencionais de teóricos que normalmente escarnecem da "facticidade" e da racionalidade, das "intenções autorais" e dos contextos "extralinguísticos", devemos também recordar o desprezo pela "lógica linear" que obsta tal inconsistência. (Podemos também compreender os sentimentos de Miller, que foi bastante infeliz ao publicar um livro, no mesmo ano em que surgiram as revelações a respeito de Paul de Man, vaticinando que "o milênio de justiça e paz universais" chegaria "se todos os homens e mulheres se tornassem bons leitores segundo De Man".[55])

* * *

O caso De Man tem muitos paralelos numa controvérsia anterior sobre um livro de David Abraham sobre os motivos do nazismo.[56] Um dos pontos de crítica diz respeito à seguinte dedicatória: "Para meus pais – que, em Auschwitz e em outros locais, sofreram as piores consequências daquilo sobre o que eu só posso escrever a respeito".[57] Um leitor ingênuo poderia supor que as "piores consequências" que os pais de Abraham sofreram, como tantos outros

---

[53] J. Hillis Miller, "An Open Letter to Professor Jon Wiener", *Responses*, p. 334; *Times Literary Supplement*, 17-23 jun. 1988, p. 685.

[54] Derrida, *Responses*, p. 160 (n. 44).

[55] Miller, *The Ethics of Reading*, Nova York, Columbia University Press, 1987, p. 58.

[56] Para uma discussão de outros aspectos deste livro, ver capítulo VII, "A História Pós-Moderna".

[57] David Abraham, *The Collapse of the Weimar Republic: Political Economy and Crisis*, Princeton, Princeton University Press, 1981.

em Auschwitz e em outros lugares, foi a morte. Na verdade, os pais estavam vivos quando o livro foi publicado. A historiadora Natalie Zemon Davis analisou a dedicatória, defendendo Abraham de qualquer imputação de fraude. Em mil palavras, ela desconstrói e reconstrói a breve dedicatória, de modo que se torna um tributo não aos pais falecidos, mas aos pais vivos – e igualmente um tributo ao "filho dos sobreviventes", o autor da dedicatória, que penetrou numa verdade profunda que aparece na superfície.[58]

Davis explica por que a leitura superficial da dedicatória é errônea. Poucos leitores, diz ela, podem interpretá-la como uma dedicatória para falecidos, já que não podemos dedicar nada aos mortos, só à memória; ademais, a sobrecapa do livro identifica o autor como um professor assistente de Princeton, sugerindo que ele era muito jovem para ser filho de pais que morreram nos campos de concentração. A dedicatória é lida corretamente como uma expressão de gratidão aos pais do autor e como um lembrete da "relação especial deles com o assunto em questão". Apesar de o livro não dizer quase nada a respeito do antissemitismo – é uma "análise estrutural" sobre as raízes do nazismo, explica Davis, e por isso lida com "forças sociais" impessoais –, a última frase do livro "reflete sobre as 'consequências' da dedicatória" ao fazer referência aos homens de negócio alemães que "pavimentaram o caminho da servidão" com "ouro e sangue". A dedicatória é, portanto, uma "estratégia" pela qual o autor corrige o passado. "Então foi assim que aconteceu, disse o filho dos sobreviventes [ou assim Davis o fez dizer]; não obra de demônios, mas de forças históricas e atores." Essa é a mensagem da dedicatória: "transforme o sofrimento em escritos e imaginação, tome ciência das acusações com compreensão, não deixe os finais trágicos de "ouro e sangue" se tornarem a última palavra".[59]

---

[58] Natalie Zemon Davis, "About Dedications", *Radical History Review*, mar. 1985, p. 94-96.

[59] Idem, ibidem, p. 95-96.

A admiração pela criatividade desse exercício é abrandada pela percepção de quanto ele dista do "texto" em si – da morte implícita dos pais do autor à ressurreição como sobreviventes; das "piores consequências" impostas pelos nazistas nos campos de concentração aos homens de negócio de Weimar que "pavimentaram o caminho da servidão" (como se "servidão" fosse equivalente ao Holocausto); e de o próprio Holocausto ser visto como um mal deliberado, premeditado ("obra de demônios") para uma "compreensão" disso como produto de "forças históricas e atores". Podemos muito bem nos espantar com o dispêndio de tanta criatividade num assunto tão sério e inequívoco como esse, um verdadeiro abismo demasiado real em que milhões de pessoas, de fato, sofreram a "pior das consequências".

* * *

As implicações desse modo de pensar, apresentado nos escritos e ensinamentos de alguns dos mais eminentes críticos literários, filósofos e historiadores, não foram apreciadas em sua plenitude. (Ao menos três dos escritores retratados de modo proeminente nesse ensaio – J. Hillis Miller, Richard Rorty e Natalie Zemon Davis – foram presidentes de suas associações profissionais.) O que acontece com nossa paixão por literatura quando qualquer "texto" pode ser qualificado como literatura, quando a teoria é posta acima da poesia e a crítica acima do poeta, e quando dizem que a literatura, a interpretação e a teoria são indeterminadas e totalmente maleáveis? O que acontece com o nosso respeito pela filosofia – o "amor pela sabedoria", como fora outrora – quando nos dizem que a filosofia não tem relação alguma nem com sabedoria nem com virtude; que aquilo que é considerado metafísica é, na verdade, linguística; que a moralidade é uma forma de estética e que a melhor coisa que podemos fazer é não levar a filosofia a sério? E o que acontece com nosso senso do passado quando nos é dito que não há passado preservado a não ser o criado pelo historiador; ou o que ocorre com nossa percepção da importância da história quando nos garantem que a história ganha significado porque *nós* mesmos o conferimos; ou com acontecimento histórico mais grave, o Holocausto, que pode ser "desmistificado" e "normalizado", "estruturalizado" e "desconstruído" tão prontamente? E o que acontece quando sondamos o abismo e vemos não feras temíveis, mas apenas um pálido reflexo de nós mesmos – de nossa determinada raça, classe e gênero, ou, ainda pior, quando vemos somente simulações metafóricas, retóricas, míticas, linguísticas, semióticas, figurativas e fictícias de nossas próprias imaginações? E quando, ao sondar tal abismo tão distante da realidade, somos levados a dizer, como os alunos de Trilling: "Que interessante, que excitante!"?

Quando Nietzsche sondou o abismo, viu não só verdadeiras feras, mas a fera que existia nele mesmo. "Quem luta com monstros", adverte ao leitor, "deve ter cuidado para não se tornar um monstro. E se olhas demoradamente um abismo, o abismo olha para dentro de ti."[60] Isso foi totalmente profético, pois poucos anos depois o abismo olhou para dentro dele e o lançou nas profundezas da insanidade. Nossos professores sondam o abismo protegidos por seus cargos efetivos, nada arriscando e nada buscando, exceto outro artigo erudito.

Nietzsche é, agora, um "queridinho" da Academia. Tenho visto camisetas estampadas com o lema: "*Nietzsche is Peachy*".[61] Nietzsche, que não tinha grande respeito pela Academia, mas possuía um senso irônico muito forte, teria gostado de ver isso.

---

[60] Friedrich Nietzsche, *Além do Bem e do Mal: Prelúdio de uma Filosofia do Futuro*, trad. Mário Ferreira dos Santos, Petrópolis, Vozes, 2009, p. 87, cap. IV, n. 146. (N. T.)

[61] Na verdade, a camiseta apresenta os dizeres: "Nietzsche is Pietzche", um jogo fonético que faz uso de uma gíria um tanto antiga (*peachy*) no sentido de algo bom, ou que é do gosto da pessoa. (N. T.)

Capítulo 2 | Sobre Heróis, Vilões e Criados

"Ninguém é herói para seu criado." A máxima foi atribuída a Madame de Sévigné no reinado de Luís XIV.[1] Hegel ampliou a interpretação: "Ninguém é herói para seu criado: não porque o homem não seja um herói, mas porque o outro é um criado".[2]

A versão emendada do provérbio apareceu pela primeira vez na obra de Hegel *Fenomenologia do Espírito*, de 1807, e repetida, posteriormente, na *Filosofia da História* (na qual aproveitou a oportunidade para lembrar aos leitores que fora ele quem cunhara a expressão, e não Goethe, que recebera crédito por isso). Hegel interessava-se em tomar para si os heróis porque eram os "indivíduos histórico-universais" que via como agentes cruciais na evolução da história. Justamente por isso, desprezava os homens de mente curta, homens com almas de criados, que reduzem indivíduos históricos ao próprio nível de sensibilidade e consciência.

> Que professor não demonstrou que Alexandre, o Grande e Júlio César foram conduzidos por tais paixões [de conquista e fama], tendo sido,

---

[1] Também foi atribuído a Madame Cornuel e ao duque de Condé, contemporâneos da Madame de Sévigné.

[2] G. W. F. Hegel, *Fenomenologia do Espírito*, trad. Paulo Meneses, Karl-Heinz Efken e José Nogueira Machado S. J., Petrópolis, Vozes, 2003, n. 665, p. 452-53; e *Filosofia da História*, trad. Maria Rodrigues e Hans Harden. Brasília, Editora Universidade de Brasília, 2008, p. 34. Vale lembrar que nas duas obras em português as traduções apresentam diferenças e, por isso, optei por traduzir do inglês a frase citada pela autora. (N. T.)

por isso, pessoas amorais? Daí conclui-se que ele, o professor, é um homem melhor do que eles, porque está isento de tais paixões, o que pode ser comprovado pelo fato de que não conquistou a Ásia, não venceu Dario nem Poro, mas certamente vive bem, e assim permite que os outros vivam.[3]

O professor olha para uma personagem histórica e vê apenas uma pessoa particular. É como o criado que "tira as botas do herói, o ajuda a se deitar, sabe que bebe champanha, etc." – e nada mais sabe a seu respeito. "As personagens históricas, quando descritas nos livros de história por tais criados, adquirem má reputação. São colocadas no mesmo nível, ou até alguns degraus mais abaixo, da moralidade de tais requintados conhecedores do ser humano."[4] [5]

Os professores de Hegel são os nossos professores. São os críticos acadêmicos que tratam os mestres da literatura com toda a reverência de um criado, colocam Shakespeare na cama, por assim dizer, tiram-lhe as botas, as roupas, cobrem-no muito bem, seguros por saber que Shakespeare é apenas um homem como eles, e que podem ler, interpretar e "desconstruir" suas peças como se as tivessem escrito – como se, para usar um jargão atual, o autor não fosse mais "favorecido" que eles, como se sua "voz autoral" não tivesse mais "autoridade" que a voz do crítico. Também podemos encontrar os professores de Hegel entre os historiadores que buscam a essência da História não nos grandes acontecimentos da vida pública, mas nos eventos da vida privada, que rebaixam as figuras públicas ao

---

[3] G. W. F. Hegel, *Fenomenologia da História*, trad. Maria Rodrigues e Hans Harden, Brasília, Editora Universidade de Brasília, 2008, p. 34. (N. T.)

[4] Idem, ibidem.

[5] Na *Fenomenologia*, é feita a mesma argumentação de uma maneira um tanto diferente. Nela, o herói é identificado como o aspecto "universal" da ação e o criado como o aspecto "individual", "particular" ou "pessoal". A consciência que reconhece o pessoal em vez do universal desempenha "para com aquele-que-age o [papel de] criado-de-quarto da moralidade". (*Fenomenologia*, n. 655, p. 453.)

nível das pessoas privadas; que não reconhecem estadistas, mas apenas políticos; que não veem "universais" nos negócios públicos, mas somente "particulares"; que não reconhecem nenhum princípio, somente interesses autônomos.

Podemos admirar a distinção hegeliana entre heróis e criados sem sermos muito entusiastas com relação a alguns de seus heróis.[6] O próprio Hegel não absolve seus heróis da imoralidade. Os "indivíduos histórico-universais", diz, não têm muita consideração com quem fica em seu caminho. Provavelmente irão "esmagar algumas flores inocentes e destruir algo mais em seu caminho".[7] Por isso estão sujeitos, certamente, à "repreensão moral". Também estão expostos aos infortúnios que, normalmente, sofrem os grandes homens. Morrem cedo, como Alexandre, o Grande; ou são assassinados, como César; ou terminam a vida no exílio, como Napoleão. Não são, de fato, homens felizes – o que pode servir de consolo, observa Hegel, para aqueles homens "aborrecido[s] pelo grandioso, pelo extraordinário" e só podem inferiorizá-lo e criticá-lo.[8]

Também pode servir de consolo saber, como Hegel nos diz, noutro lugar, que esse tipo de herói, o "indivíduo histórico-universal", é algo do passado. "Uma vez fundado o Estado, não podem mais

---

[6] Ou depreciar tanto seus criados. Um leitor do presente ensaio repreendeu-me por difamar os camareiros, por pressupor que, ao servir os mestres, os rebaixava ao próprio nível, em vez de tratá-los com o respeito e a dignidade próprios de um herói. Também fui corrigida por Lorde Byron, que o tornou a medida do verdadeiro herói, reconhecido como tal até mesmo pelo criado: "*In short, he was a perfect* cavaliero, / *And to his very valet seem'd a hero*" [Em suma, era um perfeito *cavaliero*, / E parecia um herói para o próprio camareiro] (Lorde Byron, "Beppo: A Venetian Story", estrofe 33, v. 263-64). Venho por meio desta pedir desculpas a todos os criados (se ainda existirem). Utilizei o termo de maneira metafórica, não literalmente. Os verdadeiros camareiros podem ser raros, mas as almas de criados, infelizmente, não o são.

[7] G. W. F. Hegel, *Fenomenologia da História*, p. 34. (N. T.)

[8] Idem, ibidem, p. 34.

existir heróis. Entram em cena somente em situações incivilizadas."⁹ Por acreditar que a Inglaterra era o que havia de mais moderno, bem como um dos países mais civilizados, Hegel não teria esperado encontrar heróis por lá, mas poderia encontrar um tipo de herói nos vitorianos célebres – uma versão de herói moderna, civilizada e anglicizada.

* * *

Os vitorianos célebres não eram heróis hegelianos, e menos ainda heróis gregos, embora admirassem a antiguidade. Poderiam ter achado presunçoso alegar, ou fazer com que outros asseverassem, que possuíam como qualidade a "grandeza d'alma" (megalopsiquia) que Aristóteles atribuíra ao herói. Nem mesmo aspiravam serem indivíduos histórico-universais a mudar o destino da humanidade. O que possuíam, no entanto, era individualidade e "superioridade espiritual" (curiosamente, o mesmo termo usado para megalopsiquia numa recente tradução de Aristóteles),¹⁰ uma força de caráter e intelecto que os torna heroicos aos olhos da maioria de seus contemporâneos – e que os tornou, assim como em todos os outros heróis, alvos dos "educadores" de sua época e de épocas posteriores.

Lorde Byron foi um desses heróis – não propriamente um vitoriano, pois morreu antes de a rainha subir ao trono, mas um dos verdadeiros heróis da Inglaterra vitoriana – de fato, o protótipo do "herói byrônico". Seu amigo Thomas Moore (ele mesmo um poeta de terceira categoria) viveu tempo o bastante para escrever-lhe a biografia em formato de edições anotadas das cartas e diários de Byron. Moore era franco com os leitores: "Contemplamos com prazer", disse-lhes, "uma grande inteligência ao se despir e [...] alegramo-nos na descoberta, tão consoladora para o orgulho humano, que até mesmo

---

⁹ G. W. F. Hegel, *Filosofia do Direito*, Primeira Parte, Terceira Seção, adendo ao §93. (N. T.)

¹⁰ Aristóteles, *Nicomachean Ethics*, trad. inglês Hippocrates G. Apostle, Grinnel, Peripatetic Press, 1975, p. 175, livro IV, 1123b.

o mais poderoso, em momentos de tranquilidade e fraqueza, se parece conosco".[11] Após despir Byron e descobrir a semelhança consigo mesmo, Moore achou fácil revisar e rearrumar as cartas e diários de Byron para seus propósitos literários. Em determinado ponto, informa ao editor que está progredindo muito bem na biografia. Omitiu uma carta importante, eliminou um dos casos amorosos de Byron, "criando um amor a menos", como afirmou. Atribuiu nova data a um dos romances, transferindo-o para um período anterior ao ocorrido, onde ficava mais "consistente" com seu relato.[12] Dá para imaginar o que Moore teria feito do relacionamento incestuoso de Byron com a meia-irmã, caso soubesse. Quando esse romance foi revelado, quarenta anos depois, causou comoção. Tennyson foi levado a protestar: "Qual o problema do público em querer saber todos os desatinos de Byron? Ele deixou uma boa obra, isso tem de lhes satisfazer".[13]

Tennyson, involuntariamente, assinalou a diferença crucial entre as biografias vitorianas e as biografias posteriores. Os vitorianos, ainda que se deleitassem com escândalos sobre os próprios heróis, sabiam que se tratava de escândalos sobre as *vidas*, não sobre as *obras*. A poesia de Lorde Byron não foi tida como algo menor porque sua moral não era muito admirável. Nem a obra literária de George Eliot foi maculada pelo longo caso amoroso extraconjugal com George Lewes. Nem a filosofia de John Stuart Mill foi desacreditada pelo relacionamento com a grande amiga, Harriet, por vinte anos, enquanto ela ainda era a Sra. John Taylor, ou a reputação de Carlyle como moralista diminuiu pela revelação de suas "irregularidades" sexuais,

---

[11] *Letters and Journals of Lord Byron*, ed. Thomas Moore, London, 1875, I, 435. Sou grata a Richard D. Altick, *Lives and Letters: A History of Literary Biography in England and America*, Nova York, Alfred A. Knopf, 1965, por sugerir essa e outras fontes.

[12] Howard Mumford Jones, *The Harp that Once*, Nova York, Russell & Russell, 1970 [1ª ed. 1937], p. 352, n. 6.

[13] Hallam Tennyson, *Alfred Lord Tennyson: A Memoir*, Londres, Macmillan, 1987, II, 165.

como delicadamente chamavam os vitorianos. A carreira política de Gladstone também não foi prejudicada pelo hábito bem conhecido de perambular pelas ruas durante a noite em busca de prostitutas e de fazer-lhes uma preleção a respeito dos males desse tipo de vida, levando-as, às vezes, para a própria casa, onde sua mulher, diligentemente, servia-lhes chá ou chocolate quente, segundo alguns relatos.

* * *

O caso de Carlyle é o mais interessante, pois não só ele mesmo era um herói no sentido vitoriano da palavra, como também era um grande celebrador do herói. Sua obra *On Heroes, Hero-Worship and the Heroic in History* [Os Heróis: o Culto ao Herói e o Heroico na História] define o "culto ao herói" como "reverência e obediência devida aos homens realmente grandes e sábios" e discursa acerca dos diferentes tipos de heróis: o herói como deus, profeta, sacerdote, rei, poeta e literato.[14] Assim como Hegel, anteriormente (mas sem atribuir isso a Hegel ou, nesse caso, a Goethe, de quem era grande admirador), citou o adágio "Ninguém é herói para seu criado", acrescendo que, se o criado "não reconhece um herói quando o vê", é porque tem uma "alma serviçal ruim".[15] Incapaz de tolerar a ideia de grandeza, o criado só pode tomar o herói pela própria estatura. "Mostremos um grande homem aos nossos críticos", observou Carlyle, "um Lutero, por exemplo, [e] começam o que chamam de 'cômputo'; não o veneram, mas tomam-lhe as dimensões – e apresentam-no como um tipo de homem desprezível."[16]

O herói de Carlyle é um herói, não um santo – um herói que deve ser reverenciado por sua grandeza e sabedoria, quaisquer que sejam as manias e loucuras pessoais. Ademais, o herói é herói o bastante

---

[14] Thomas Carlyle, *On Heroes, Hero-Worship and the Heroic in History*, Nova York, n.d. [1ª ed. 1841], p. 14.

[15] Idem, ibidem, p. 217.

[16] Idem, ibidem, p. 14-15.

para suportar as revelações de tais pontos fracos. Quando o biógrafo de Sir Walter Scott, John Lockhart, foi criticado por relatar alguns detalhes sórdidos a respeito da vida do romancista, Carlyle defendeu Lockhart e aproveitou a ocasião para escarnecer do biógrafo mais medroso que tenta fazer de seu herói um modelo de virtudes. "Como a biografia inglesa é gentil e decente", fazia troça Carlyle, "bendita seja sua hipocrisia!" Tal biografia não é digna do tema, insistia, porque não retrata um verdadeiro herói vivo, mas, ao contrário, um "herói fantasmagórico impessoal, imaculado e pálido" não é digno do biógrafo. "Não produzir coisas, mas espectros de coisas, nunca pode ser o dever do homem."[17]

O próprio biógrafo de Carlyle, James Anthony Froude, citou extensivamente tal estudo no prefácio de sua obra para desarmar a esperada crítica por revelar alguns aspectos pouco lisonjeiros da vida conjugal de seu tema. O próprio Carlyle, talvez sem querer, cooperou com tal revelação quando escreveu, mas não publicou, suas *Reminiscências*, e ao deixar o manuscrito para Froude como executor literário, com permissão de usá-lo como lhe aprouvesse. Os únicos detalhes que Froude não publicou na biografia foram o relato dos maus-tratos à mulher e os rumores de que o casamento não teria sido consumado. Tais fatos emergiram quando Froude escreveu, mas não publicou, outro livro a respeito de Carlyle, legando *aquele* manuscrito aos filhos com instruções de que fosse destruído, juntamente com todos os outros papéis e cartas. É desnecessário dizer que as instruções foram ignoradas e o livro, publicado.[18]

---

[17] James Anthony Froude, *Thomas Carlyle: A History of the First Forty Years of His Life*, 1795-1835, London, 1882, I, ix-xii (citando a resenha de Carlyle de *Life of Sir Walter Scott* de John Gibson Lockhart).

[18] Atualmente, é crença generalizada que os rumores foram exagerados, e o casamento, literalmente, consumado, embora, por certo, fosse insatisfatório. Numa curiosa continuação dessa história, vemos John Ruskin defendendo o relato de Froude sobre os rumores – curioso porque o próprio Ruskin não consumou o casamento.

Os biógrafos vitorianos de então (ao menos o melhor deles) não eram, nem de longe, tão hipócritas quanto sugerira Carlyle. Seus heróis tinham pés de barro, mas, mesmo assim, eram heróis. O heroísmo deles não estava nos pés (ou noutros órgãos mais vis), mas na inteligência e nas obras. Froude nunca sugeriu, e os leitores nunca supuseram, que Carlyle fosse menos sábio porque, de certa maneira, foi menos homem. John Morley, um digno vitoriano, ainda que não muito célebre, escreveu em sua biografia sobre Voltaire, a propósito de um acontecimento não totalmente crível na vida do filósofo francês: "Ai! Por que, afinal, os homens [...] estão tão dispostos a contemplar, de pronto, as partes íntimas de suas divindades?".[19] A resposta, certamente, é que isso é demasiado humano, assim como é demasiado humano que as divindades – humanas, e não religiosas – tenham tais partes íntimas. Mas, também é humano, caso devamos acreditar em Carlyle, que os homens reverenciem tais divindades pelas qualidades que as tornam divinas – ou, como dizemos, que as tornam mortais e não deuses, e reverenciem heróis cujas qualidades os tornem heroicos.

* * *

Virginia Woolf disse, certa vez, de modo um tanto jocoso: "Por volta de 1910, ou perto disso, o caráter humano mudou".[20] Foi a data da exposição pós-impressionista em Londres que teve um efeito muito importante na arte moderna e, acreditava ela, no romance moderno. Uma mudança comparável no caráter da biografia, sugeriria ela noutro lugar, ocorreu em março de 1918, quando seu grande amigo, Lytton Strachey publicou *Eminent Victorians* [Vitorianos Célebres].

Para Woolf esse era o protótipo da "nova biografia", uma biografia que, pela primeira vez, oferece uma espécie de "informação autêntica" e revela o verdadeiro sujeito:

---
[19] John Morley, *Voltaire*, Londres, 1872, p. 97-98.
[20] Virginia Woolf, "Mr. Bennett and Mrs. Brown" (1924) in Collected Essays, Collected Essays, vol. I, Nova York, Harcourt, 1967, p. 320.

> Quando e onde o verdadeiro homem viveu; qual era a sua aparência; usava botas de cadarço ou com elástico no cano; quem eram suas tias e amigos, e como assoava o nariz, a quem amou e como, e quando veio a morrer, morreu na cama como um cristão ou...[21]

A frase é incompleta, mas está claro que Woolf, e certamente Strachey, pensava que era provável que não morrera como cristão – e, por certo, que não vivera como herói.

Se o tema da nova biografia se tornara menos que um herói, o próprio biógrafo tornara-se mais um herói.

> Ele [o biógrafo] não é mais o companheiro sério e compassivo, a avançar lentamente, e até de modo servil, nos passos do herói. Amigo ou inimigo, admirador ou crítico, ele é um igual... Elevado pela pouca eminência que a independência lhe trouxe, vê seu tema como algo apartado. Escolhe, sintetiza, em suma: deixou de ser um cronista; tornou-se um artista.[22]

Assim, visto que seu tema é retratado como um "homem real", um homem que assoa o nariz, usa botas de um determinado tipo e faz amor de uma certa maneira (sendo este último quesito de especial interesse para Woolf e seus amigos do grupo de Bloomsbury), o biógrafo é elevado ao posto de "artista". O biógrafo é mais que igual ao seu tema; é superior. "Elevado pela pouca eminência", como diz Woolf, pode baixar o olhar para o tema, olhar melhor para observar-lhe a inferioridade, as características demasiado humanas.

Virginia Woolf captura perfeitamente a qualidade distintiva da nova biografia, os papéis trocados em que o grande herói, o tema, torna-se o criado, e o biógrafo, o herói. Da própria posição de "eminência" artística, Strachey teve o privilégio de depreciar e ridicularizar seus "vitorianos célebres". Ao propor um brinde ao próprio livro, recordou uma observação feita por outro biógrafo: "Quando ouço homens serem chamados de 'judiciosos', suspeito; mas quando ouço serem chamados

---

[21] Idem, "The Art of Biography" in Collected Essays, vol. IV, p. 227.
[22] Idem, "The New Biography" (1927) in Collected Essays, vol. IV, p. 231.

de 'judiciosos e veneráveis', sei que são canalhas". Strachey aperfeiçoou o dito para descrever o próprio credo: "Quando ouço homens serem chamados de 'vitorianos', suspeito; mas quando ouço serem chamados de 'vitorianos célebres', escrevo suas biografias".[23]

Strachey escreveu sobre as vidas dos vitorianos para desacreditá-los, para revelar as personalidades privadas por trás das fachadas públicas, os vícios privados que presumivelmente desmentem as virtudes públicas. Com grande habilidade artística, reduz a estatura de seus heróis – literalmente, no caso de Thomas Arnold, o famoso diretor da Rugby School, cujas pernas, dizia, "eram mais curtas do que deveriam" – um comentário malicioso (e provavelmente falso) sobre o proponente do "cristianismo muscular".[24] Ou a cena é descrita de modo a depreciá-los: o general Gordon, mártir do cerco de Cartum, é retratado à mesa com "uma Bíblia e uma garrafa de brandy abertas".[25] Ou ainda, estratagemas retóricos são usados para efeitos satíricos: A edição do cardeal Newman de *A Vida dos Santos* inclui biografias, nos diz, "de São Bega, São Adamnan, São Gundleus, São Guthlake, Irmão Drithlem, São Amphibalus, São Wulstan, São Ebba, São Neot, São Ninian e São Cuniberto, o Eremita" – a enumeração de todos esses nomes incomuns escarnece da própria ideia de santidade.[26] Os ardores são ridicularizados: Florence Nightingale é dada a "desejos mórbidos" por Deus, um Deus que é "um engenheiro sanitário glorificado"; dificilmente podia distinguir entre "a divindade e a sarjeta".[27]

Em cada caso, Strachey expõe não só as "partes íntimas" de seus objetos, mas as partes visíveis, os órgãos vitais, as próprias qualidades

---

[23] Michael Holroyd, *Lytton Strachey: A Critical Biography*, Nova York, Holt, Rinehart and Winston, 1967-68, vol. II.

[24] Lytton Strachey, *Eminent Victorians: Cardinal Manning, Florence Nightingale, Dr. Arnold, General Gordon*, Nova York, G. P. Putnam's sons, p. 210.

[25] Idem, ibidem, p. 264.

[26] Idem, ibidem, p. 39.

[27] Idem, ibidem, p. 193.

que os tornam heróis. Essa é a grande diferença entre a biografia vitoriana e a "nova biografia". Os vitorianos humanizavam seus heróis, revelavam os vícios privados sem negar as virtudes públicas. Os novos biógrafos revelam os vícios (ou, na maioria das vezes, as tolices) para desonrá-los – torná-los anti-heróis.

* * *

Até mesmo os anti-heróis, contudo, têm algum vestígio de qualidade heroica. São, no mínimo, indivíduos reconhecíveis. Os vitorianos célebres, como retratados por Strachey, são caricaturas, objetos de escárnio, mas ainda mantêm alguns traços restantes de superioridade, ainda que apenas por virtude da individualidade. De fato, essas caricaturas, às vezes, fazem com que os objetos se pareçam mais individualistas, mais diferentes do que realmente eram. Restou para a "nova história" completar a tarefa da "nova biografia", eliminar aqueles últimos remanescentes de heroísmo ao negar não somente a ideia de superioridade, mas a própria ideia de individualidade.

Dois anos após o surgimento do livro de Strachey, H. G. Wells apresentou a "nova história" à Inglaterra, surgida, antes, nos Estados Unidos.[28] A obra campeã de vendas, *Outline of History* [História Universal],[29] define a história como "a aventura comum de toda a humanidade", e se descreve como uma obra que não é apenas *sobre* o "homem comum", mas também *para* o homem comum. O homem comum é tanto objeto como leitor ideal. Em sua história, H. G. Wells promete que um dito indivíduo "histórico-universal", como

---

[28] Ver Gertrude Himmelfarb, *The New History and the Old*, Cambridge, Harvard University Press, 1987, p. 1-3, para as primeiras aparições da "nova história". Foi outro "novo historiador", Carl Becker, quem utilizou o termo ao resenhar um livro de H. G. Wells ("Mr. Wells and the New History" [1921], reimpresso em *Everyman His Own Historian: Essays on History and Politics*, Chicago, Quadrangle Books, 1966).

[29] No Brasil, a obra surgiu em três volumes, no ano de 1939, pela Editora Companhia Nacional, traduzida por Anísio Teixeira. (N. T.)

Napoleão, seja visto na perspectiva apropriada, emproado na crista da História como um "frangote num monturo".[30]

O comentário de Wells sobre Napoleão resume a dupla agenda da nova história: desacreditar aqueles indivíduos que, tradicionalmente, são identificados como heróis ou "grandes homens" da história; e substituí-los pelo "homem comum" – ou, se o termo não soar hostil ou sexista, pelas "pessoas ordinárias", a "massa anônima". A primeira parte dessa pauta recentemente adquiriu o nome de patografia, uma biografia que dá ênfase às qualidades patológicas ou doentias do objeto – o oposto de "hagiografia".[31] E a segunda parte atende pelo nome de "História vista de baixo", a história das pessoas comuns em atividades comuns, cotidianas.

Neste meio tempo, a nova história ameaça substituir não só indivíduos "histórico-universais" como Napoleão, mas todas as figuras "elitistas", palavra aplicada a presidentes bem como a reis, aos líderes da classe trabalhadora assim como aos aristocratas – todos os que se destacam da massa anônima em virtude, simplesmente, de *não* serem anônimos, de possuírem identidades individuais, reconhecíveis, com papéis distintos e determinados. Somente assim, nos dizem, podemos resgatar os pobres, a massa anônima, da "enorme condescendência da posteridade".[32] Além disso, não apenas indivíduos elitistas são desacreditados e substituídos, mas também os temas elitistas – os grandes acontecimentos da história em que certos indivíduos necessariamente

---

[30] H. G. Wells, *Outline of History*, Nova York, Doubleday & Company, 1971, 1971 [1ª ed. 1920], p. 779-80.

[31] John P. Sisk, "Biography Without End", *Antioch Review*, 1990, p. 449. Sisk atribui a palavra a Joyce Carol Oates na resenha da biografia de David Roberts sobre Jean Stafford ("patografia" foi ocasionalmente utilizada no século XIX no sentido médico literal, descrevendo uma doença).

[32] E. P. Thompson, *The Making of the English Working Class*, Nova York, Pantheon Books, 1964, p. 12. [Em português a obra pode ser encontrada na seguinte edição: *A Formação da Classe Operária Inglesa*, 3 vol., trad. Denise Bottman, Paz e Terra, 1987. (N. T.)]

figuram de modo proeminente, as grandes ideias e os grandes livros que são produtos de grandes inteligências.[33]

Como podemos questionar um propósito tão valoroso? Por que não desejaríamos ampliar e aprofundar o alcance da história ao recuperar a memória daqueles que foram esquecidos? Nenhuma pessoa sensata e, certamente, nenhum historiador consciencioso, objetaria. Poderíamos, no entanto, objetar com razão quando a suspeita de uma história elitista levar a exclusão ou depreciação de objetos – grandes personagens, grandes acontecimentos, grandes ideias – que verdadeiramente determinaram o curso da história para *todas* as pessoas. Ao comentar sobre essa tendência entre alguns historiadores de denegrir a reputação e os feitos de Winston Churchill, G. R. Elton vira o jogo deles:

> Quando encontro um historiador que não consegue crer que existiram grandes homens, aliás, grandes homens na política, sinto-me na presença de um mau historiador: por vezes, tendo a julgar todos os historiadores pela opinião que têm sobre Winston Churchill – caso possam ver isso, não importando quão melhor os detalhes, quase sempre ofensivos, sobre o homem e sua carreira que se tornam conhecidos, ele ainda permanece, simplesmente, um grande homem.[34]

---

[33] Nos Estados Unidos isso tem se manifestado nas recentes concepções "revisionistas" de Cristóvão Colombo, em que a "descoberta" da América foi inicialmente aviltada e chamada de um "encontro", e depois vilipendiada como uma "invasão" e "depredação". Na Inglaterra, um processo semelhante ocorre com relação à Armada. O revisor de várias obras publicadas por ocasião da comemoração do quarto centenário observa que qualquer dimensão épica que tenha restado naquele acontecimento está reservada para a frota espanhola derrotada na terrível viagem de retorno. Relata ter ouvido alguém dizer: "1588, ano que *costumávamos* pensar que derrotamos os espanhóis". (Sobre Cristóvão Colombo, ver: Robert Royal, *1492 and All That: Political Manipulations of History*, Lanham, University Press of America, 1992; e sobre a Armada, ver: David Starkey, *Times Literary Supplement*, 2-8 dez. 1988, p. 1346-47.)

[34] G. R. Elton, *Political History: Principles and Practice*, Nova York, Basic Books, 1970, p. 70-71. O mais recente exercício de difamação de Churchill é o livro de John Charmley, *Churchill: The End of Glory – A Political Biography*, Londres, Hodder & Stoughton, 1993. O principal editorial no *The Times*,

Podemos objetar também quando a própria "história vista de baixo" se torna um exercício de condescendência – quando o historiador nega as ideias, os motivos e os interesses das pessoas comuns e se interessa muito mais pelas preocupações cotidianas comuns. Então, não é só o historiador reduzido ao nível do criado que não consegue ver nada de heroico na história; todas as pessoas também são reduzidas ao mesmo nível, sem qualquer ligação com uma "consciência universal", como diria Hegel, com uma ordem do ser que os eleve acima do imediato, do mundano, das circunstâncias particulares da vida.

Há poucos anos defendi esse argumento, vividamente, ao escrever um ensaio alegando que os grandes acontecimentos políticos da história não só foram importantes por si mesmos, mas foram importantes para as pessoas comuns da época e, de fato, eram de grande interesse para aquelas pessoas. Dentre os críticos estava um historiador social bastante conhecido que protestava dizendo que os assuntos políticos eram, e ainda são, de pouca importância para as pessoas comuns. Com certeza, disse, a grande maioria das pessoas sempre pensou que "o lugar onde viveram e como ganharam a vida, com quem casaram e o que aconteceu aos filhos" eram muito mais importantes do que "quem ganhou a última eleição".[35] Fiquei pasma com a arrogância inconsciente (elitismo, diriam alguns) desse comentário – como se somente um professor de Harvard pudesse se importar com seu emprego, casa, filhos e também com a última eleição.

* * *

O último sinal de tal deformação profissional é o ataque ao "cânone" com base na afirmação de que é dominado por "homens brancos mortos" [em inglês, "*Dead White Males*", "DWM" ou "Dweems", como são familiarmente conhecidos]. Fui apresentada

---

antes da serialização do livro no *The Sunday Times*, explica que "o revisionismo é válido, mesmo quando as conclusões são erradas" (6 jan. 1993).

[35] Citado em Himmelfarb, *The New History and the Old*, p. 31.

a uma variação desse termo – os "coronéis" [em inglês, "BGs", "Big Guys"] – pela diretora do programa de estudos da mulher de um renomado *college*, ao explicar-me que o problema não reside só no fato de tais "sujeitos importantes" serem homens, mas no fato de que são "importantes" e "favorecem", no dizer dela, grandes livros, ideias e acontecimentos – e, pior, favorecem a própria ideia de grandeza, de talento, de singularidade, de busca de verdades transcendentes que supostamente guardam valor permanente. Essa própria ideia – de que exista tal coisa como grandeza, gênio, singularidade, que as pessoas devam celebrar e aspirar a tais qualidades, de que há verdades que transcendam raça, gênero e classe, e que todas as pessoas, mesmo as comuns, podem partilhar de tais verdades e ser elevadas por elas – tudo isso, insistia a diretora, é uma ideia caracteristicamente masculina. Só pode ser retificada pela criação de um "contracânone" feminista representando mulheres que encarnam valores caracteristicamente femininos – mulheres-poeta que digam "Não estou criando esse poema para a eternidade", e mulheres-escritor que digam "Não quero louvar as verdades transcendentes, quero celebrar as pequenas coisas da vida das mulheres... as pequenas coisas estimulantes que as mulheres fazem".

Gostaria de crer que essa é uma postura extrema, que a maioria das feministas não queira substituir o cânone dos "coronéis" pelo contracânone das "moçoilas". A hipótese contra a grandeza, todavia, é mais profunda. No âmago, este é, de fato, um debate sobre "grandes livros". O argumento não é mais a composição do "cânone", se este representa adequadamente a raça, o gênero ou a classe, mas é a própria ideia de grandeza, uma grandeza que tradicionalmente foi pensada para transcender raça, gênero e classe. Também diz respeito ao estilo, pois isso também é objeto de contenda. Não podemos mais admitir que John Milton mereça ser mais "favorecido" que Mickey Mouse, que a alta cultura seja superior, mais elevada, que a cultura popular e que alguns acontecimentos históricos sejam mais importantes que outros.

A feminista que relega às mulheres as "pequenas coisas" da vida – enviando-as, diria uma feminista da velha-guarda, digamos, para a cozinha – apequena e trivializa a vida de tais mulheres, assim como o historiador social que pressupõe que as pessoas comuns são indiferentes à política, aos negócios públicos além da província de suas vidas cotidianas. Mesmo Hegel, que não era famoso por inclinações democráticas, dava mais crédito às pessoas comuns. A maior parte das pessoas concordava, estava imersa nas particularidades da vida, mas todas têm acesso ao "universal"; participam do universal em virtude da filiação ao Estado, cujas leis e instituições transcendem o particular e lhes conferem um papel no curso expansivo da história.

Hegel teria ficado satisfeito, quero crer, com a recente produção da televisão que dramatiza a Guerra Civil norte-americana, pois capta esse senso de transcendência. Além de ser uma narrativa histórica envolvente e extremamente precisa, a série exemplifica a natureza heroica de um grande acontecimento, aquele cuja grandeza é tão evidente hoje como fora na época, apesar das brutalidades triviais da própria guerra – a lama e a confusão dos campos de batalha, os generais competentes e os incompetentes, os soldados mutilados e mortos. Para todos, a Guerra Civil foi, do começo ao fim, uma grande experiência nacional, política, social e moral que somente pode ser compreendida (como deixa claro o filme) pela engenhosa combinação da "história vista de cima" com a "história vista de baixo" – a magnífica retórica dos discursos de Lincoln em complemento à retórica, igualmente tocante e singela, das cartas dos soldados para as esposas. Foi um acontecimento verdadeiramente nobre, em que recrutas do exército e escravos recém-libertos foram tão heróis quanto generais e estadistas, ao compartilhar do "universal", como diria Hegel, e serem elevados por aquela universalidade uniforme, infeliz, que sempre os destruiu.[36]

* * *

---

[36] Essa produção, desnecessário dizer, não escapou aos olhos dos "revisionistas". Ver, por exemplo, Jeanie Attie, "Ilusions of History: A Review of *The Civil War*", *Radical History Review*, Inverno, 1992.

O problema da concepção "serviçal" da história não é somente o aviltamento da grandeza e do heroísmo, mas também a conspurcação da individualidade e da liberdade. Há um século e meio, Alexis de Tocqueville previu exatamente esse problema. Em um capítulo extraordinariamente presciente e muito breve (apenas três ou quatro páginas) de *Democracia na América*, chamado "Algumas Tendências Particulares aos Historiadores nos Séculos Democráticos", Tocqueville aponta a distinção essencial entre a antiga história e a nova. Nos períodos aristocráticos, explicou, os historiadores tendem a fazer "depender todos os acontecimentos da vontade particular e do temperamento de certos homens", e a ligar "os menores acidentes às mais importantes revoluções". Nos períodos democráticos, por outro lado, tendem a não atribuir "influência alguma ao indivíduo sobre o destino da espécie" e a dar "causas gerais aos pequenos fatos particulares". O perigo do modo democrático era que, ao desmerecer ou ignorar a "vontade individual" na formação da história, o historiador também apequenasse a "liberdade humana".

> Uma causa muito vasta para aplicar-se ao mesmo tempo a milhões de homens, e bastante forte para incliná-los todos juntos para o mesmo lado, parece facilmente irresistível; depois de ter visto que se cedia neste passo, fica-se muito perto de crer que não se podia resistir.
>
> Os historiadores que vivem nos tempos democráticos não recusam, pois, apenas atribuir a alguns cidadãos o poder de agir sobre o destino do povo; ainda tiram aos próprios povos a faculdade de modificar a sua própria sorte e os submetem ora a uma providência inflexível, ora a uma espécie de cega fatalidade.[37]

As observações de Tocqueville se aplicam aos determinismos de todos os tipos: O determinismo econômico do marxismo, o determinismo geográfico e demográfico dos primeiros historiadores da escola

---

[37] Alexis de Tocqueville, *Democracia na América*, trad. e notas Neil Ribeiro da Silva, Belo Horizonte, Itatiaia / Ed. da Universidade de São Paulo, 1987, Livro II, Parte I, cap. XX, p. 376-77. (N. T.)

dos *Annales*, o determinismo sociológico que transforma as pessoas em "produtos" da sociedade ou o determinismo popular atual que as define em termos de raça, classe e gênero. Cada um tem o efeito de depreciar a vontade, as ideias, as ações e as liberdades individuais. Hoje, mais do que nunca, temos razões para dar atenção às palavras de Tocqueville: "É necessário que nos guardemos de obscurecer essa ideia [livre-arbítrio], pois se trata de restabelecer a dignidade das almas e não de completar a sua destruição".[38]

* * *

Sem vontade, sem indivíduos, não há heróis, mas também não há vilões. E a ausência de vilões é tão prostrante, tão destruidora de almas quanto a ausência de heróis. Quase ao mesmo tempo em que dizem que Madame de Sévigné cunhou o aforismo "Ninguém é herói para seu criado", mais um francês notável, La Rochefoucauld, enunciou outra verdade importante: "Há heróis no mal como no bem". As duas máximas podem ser amalgamadas: "Ninguém é herói para seu criado e ninguém é vilão para seu criado". Para o criado, o amo é um homem como outro qualquer, alguém cujas botas têm de ser descalçadas, que tem de ser assistido na cama, que tem uma queda por champanha. O criado pode até saber de outras coisas a respeito dele, se é um bom ou mau marido, um bom ou mau amo, um bom ou mau pai. O que o criado não saberá dizer é se é herói ou vilão – um grande estadista ou filósofo, ou se é um tirano ou charlatão.

Nem o historiador saberá dessas coisas caso adira ao modelo de história conhecido como estruturalismo (ou funcionalismo, como por vezes é chamado). Para o estruturalista, os fatos decisivos acerca do nazismo, por exemplo, não são as ideias, políticas ou mesmo ações de Hitler e dos nazistas, mas a estrutura do Estado alemão, a natureza da burocracia e os grupos de pares, as exigências econômicas e

---

[38] Idem, ibidem, p. 377. (N. T.)

geográficas.³⁹ O efeito dessa análise estruturalista é o predito por Tocqueville. Depreciar a importância de indivíduos, ideias e da vontade é apequenar o papel de Hitler e dos líderes nazistas, minimizar ou mesmo negar a francas intenções de conquista e extermínio em massa, e escapar da questão do mal. Como disse Lucy Dawidowicz, a eminente historiadora do Holocausto: "Os estruturalistas eliminaram, assim, o exercício do livre-arbítrio na sociedade humana e privaram homens e mulheres da capacidade de escolher entre o bem e o mal".⁴⁰

No caso do nazismo, "estruturalizar" é trivializar e "desmoralizar", tornar banal o mal. Também é "des-historicizar", interpretar mal os fatos da história. As ideias e intenções, as políticas e ações intencionais dos nazistas são, certamente, a realidade da história tanto quanto a estrutura do Estado, os grupos de pares e burocracias, as forças sociais, econômicas e geomilitares. Mesmo para compreender as "consequências não pretendidas" de ideias e políticas, é necessário compreender as ideias e políticas que deram origem àquelas consequências. Os estruturalistas criticam os historiadores tradicionais do nazismo pela falácia, como entendem, de "personalizar" a história – como se um dos princípios básicos do nazismo não fosse o "princípio do Führer", endeusando, exatamente, a pessoa de Hitler. Ou acusam tais historiadores da falácia do "intencionalismo" – como se Hitler não tivesse anunciado publicamente suas intenções e como se tais intenções não tivessem sido executadas literalmente, e até literalmente demais.⁴¹

---

³⁹ Para uma análise dessa escola, ver: Lucy S. Dawidowicz, *The War Against the Jews: 1933-1945*, New York, 1975, e *The Holocaust and the Historians*, Cambridge, Massachusetts, 1981; Michael R. Marrus, *The Holocaust in History*, Hanover, N.H., 1987; Charles S. Maier, *The Unmasterable Past: History, Holocaust and German National Identity*, Cambridge, Massachusetts, 1988; Peter Baldwin, ed., *Reworking the Past: Hitler, the Holocaust and the Historians' Debate*, Boston, 1990.

⁴⁰ Lucy S. Dawidowicz, *The War Against the Jews: 1933-1945*, New York, 1986, p. xxvii.

⁴¹ Para uma discussão de outros modos de interpretar o nazismo e o Holocausto, que também produzem o efeito trivializador e "desmoralizante", ver

A mesma análise foi aplicada à história da União Soviética sob o governo de Stalin. Os estruturalistas não veem Stalin como uma forma de totalitarismo, uma tirania imposta pelo regime stalinista conforme a ideologia comunista. De fato, negam que tanto o regime quanto a ideologia tenham sido responsáveis pela maioria dos acontecimentos do período. As políticas e ações associadas a Stalin, tais como os expurgos, dizem que foram, em grande parte, improvisadas, uma resposta às pressões "espontâneas" dos "elementos sociais" mais inferiores, em vez de uma estratégia deliberada, imaginada e implementada pelo regime. Segundo essa interpretação, o próprio Stalin é descrito como alguém que chegou ao poder numa onda de "revolução cultural" vinda das camadas mais inferiores, refletindo o desejo popular de "mobilidade social" e "democratização".[42] Os episódios infelizes, tais como a fome, a coletivização e a "deskulakização", são atribuídos a forças impessoais "sociopolíticas e econômicas" e a "complexas redes de industrialização e construções estatais", o resultado de "processos racionais, normais" inerentes à própria modernidade.[43]

A interpretação estruturalista, segundo a nova "tropa" de historiadores (como se autodenominam), tem o efeito salutar de solapar "o modelo totalitário do sistema stalinista até o ponto de não valer a pena ser utilizado".[44] Um historiador explica que tais

---

no presente volume Capítulo I, "Ao Sondar o Abismo", e Capítulo VII, "A História Pós-Moderna".

[42] Sheila Fitzpatrick, "New Perspectives on Stalinism", *Russian Review*, 1986, p. 367-69. (As respostas a Fitzpatrick aparecem nessa mesma revista, na edição citada e nas subsequentes). Ver também: Lynn Viola, *The Best Sons of the Fatherland: Workers in the Vanguard of Soviet Collectivization*, New York, 1987; Terence Emmons, "The Abusable Past", *The New Republic*, 9 mar. 1992, p. 33.

[43] Kevin Tyner Thomas, "On the Politics of Interpretation: Robert Conquest and the Historiography of Stalinism", *Radical History Review*, Inverno, 1992, p. 124-25.

[44] Fitzpatrick, p. 369.

conceitos como "totalitarismo" e "o terror" são obsoletos porque são produtos da mentalidade da Guerra Fria, a histeria anticomunista que infectou os estudiosos mais idosos. Outro acredita que são objetáveis porque são julgamentos morais e "julgar Stalin" é um "exercício de imperialismo moral".[45] Porque o estruturalismo evita tais julgamentos morais, é o único que dizem oferecer uma visão objetiva da União Soviética.

Robert Conquest, que documentou de maneira conclusiva os fatos sobre o totalitarismo soviético e o terror, descreve esse esforço em retratar "o período de Stalin sem stalinismo" como algo equivalente não só a *Hamlet* sem o príncipe, mas a *Hamlet* sem nenhuma das personagens, "somente com o cenário e uma voz, ao fundo, cantando: 'Há algo socialmente interessante no reino da Dinamarca'".[46] Outro historiador explica por que, exatamente, por motivo de objetividade, os historiadores devem enfrentar a natureza do regime stalinista, um regime que foi, essencial e intencionalmente, não de modo acidental ou incidental, totalitário e terrorista.

> Os historiadores devem escrever a respeito do terror não para desafogar a indignação, mas porque esse assunto é essencial para a compreensão de absolutamente todos os aspectos da vida soviética nos anos 1930. O terror não era um epifenômeno. Não é um tópico como a história dos esportes na União Soviética ou da ópera russa. Por causa do terror, pais falavam de modo diferente com os filhos, escritores escreviam de maneira diferente, trabalhadores e gerentes falavam, uns com os outros, de modo diferente [...] Por causa do terror, milhões pereceram [...] Quaisquer que sejam os tópicos que venhamos a escolher,

---

[45] Alfred G. Meyer, "Coming to Terms with the Past... And with One's Older Colleagues", *Russian Review*, 1986, p. 406. Isso é uma paráfrase de Meyer (citada como crítica) de uma afirmação feita por Theo von Laue em "Stalin in Focus", *Slavic Review*, 1983.

[46] Robert Conquest, "The Party in the Dock", *The Times Literary Supplement*, 6 nov. 1992, p. 7. Ver também: Richard Pipes, "Seventy-five Years On", na mesma edição, p. 3-4.

não podemos nos livrar do fato de que eram tempos homicidas e que o stalinismo era um sistema assassino.[47]

Especialmente entre os historiadores mais jovens, que gostam de pensar estar na "vanguarda" da disciplina, a interpretação estruturalista é sedutora. Para ser mais exata, agora que os historiadores russos estão revelando os fatos criminosos do regime comunista e confirmando as estimativas de Conquest a respeito da extensão do "Grande Terror", está se tornando mais difícil para os historiadores norte-americanos, por mais que sejam sofisticados, ignorar tais fatos. Pode ser até que a palavra "terror" seja reabilitada e que "totalitário" – "um termo há muito fora de moda no meio acadêmico norte-americano", disse um historiador há apenas alguns anos[48] – volte à moda.

* * *

Isso pode acontecer, mas não podemos estar confiantes de que ocorrerá. Um historiador inventivo sempre pode encontrar maneiras de esquivar a realidade. Um desses historiadores é Fernand Braudel, o membro mais influente da escola estruturalista francesa dos *Annales*. Sua obra seminal, *O Mediterrâneo e o mundo mediterrânico na época de Filipe II*[49], exemplifica a teoria de que as forças de longa duração, inanimadas, impessoais – a Geografia, a Demografia, a Ecologia e a Economia – são as "realidades mais profundas" da história, em contraste com os eventos de curta duração, que são efêmeros e superficiais. Para Braudel, tais eventos de curta duração englobam não só as guerras e conquistas do reinado de Filipe II, mas também "eventos"

---

[47] Peter Kenez, "Stalinism as Humdrum Politics", *Russian Review*, 1986, p. 399-400.

[48] Terence Emmons, resenha de Richard Pipes, *The Russian Revolution*, em *The New Republic*, 5 nov. 1990, p. 38.

[49] No Brasil, a obra pode ser encontrada na seguinte edição: Fernand Braudel, *O Mediterrâneo e o mundo mediterrânico na época de Filipe II*, 2 vols., São Paulo, Martins Fontes, 1983. (N. T.)

(ou "conjunturas", como Braudel os chama) como a Inquisição e a Renascença. Numa passagem memorável, Braudel compara esses eventos efêmeros a vagalumes que brilham por um breve momento à noite e rapidamente desaparecem, não deixando para trás luz alguma, nenhum traço de sua existência.[50]

O livro de Braudel é uma extraordinária façanha de erudição, desde que escreveu a obra de memória, sem auxílio de bibliotecas ou arquivos, enquanto estava preso num campo de prisioneiros de guerra na Alemanha, durante a Segunda Guerra Mundial. Mais tarde, recordou o estado de espírito com que a escrevera, e afirmou: foi "a única resposta intelectual aos tempos trágicos que eu atravessava".

> Todos aqueles acontecimentos despejados sobre nós pelas rádios e pelos jornais de nossos inimigos, ou mesmo notícias de Londres que as rádios clandestinas nos transmitiam, eu tinha de superar, de rejeitar, de negar. Abaixo o acontecimento, sobretudo o acontecimento contrariante! Eu precisava acreditar que a História e o destino se escreviam em muito maior profundidade.[51]

Os "acontecimentos" que Braudel buscou "superar, rejeitar e negar" não eram nada menos que uma das mais devastadoras guerras da história moderna e um dos acontecimentos mais catastróficos de todos os tempos, o Holocausto, ambos precipitados não por forças históricas de longa duração, mas por indivíduos que certamente merecem o epíteto de "heróis do mal". O que é mais extraordinário é que enquanto Braudel estava na prisão, experimentando pessoalmente o mal, existencialmente, disse, ficara convencido de que tais indivíduos e eventos eram de pouca importância na história. O Holocausto, como um evento de "curta duração" – é de pasmar!

* * *

---

[50] Fernand Braudel, *On History*, Chicago, 1980, p. 10-11.
[51] Fernand Braudel, "Minha formação de historiador", em *Reflexões Sobre a História*, São Paulo, Martins Fontes, 2003, p. 12. (N. T.)

Ao mesmo tempo que Braudel estava na Alemanha como prisioneiro de guerra produzindo o que seria o protótipo da história dos *Annales*, um jovem crítico literário norte-americano (mais ou menos da mesma idade de Braudel) resenhava a nova edição de uns *Anais* muito mais antigos, os de Tácito. Lionel Trilling estava impressionado com uma frase nos *Anais* que parecia apreender a essência da obra: "Creio ser o principal objeto dos *Anais*", escreveu Tácito, "por em evidência as grandes virtudes, assim como revelar todos os discursos e ações vergonhosas, para que ao menos o receio da posteridade acautele os outros de caírem nas mesmas infâmias".[52] Trilling não era um historiador, e não é provável que tivesse ouvido falar da escola dos *Annales*, que então era pouco conhecida até mesmo entre os historiadores profissionais norte-americanos. Estava, no entanto, totalmente informado a respeito da história de sua época, sobre o nazismo e o stalinismo. Estava magnificamente alerta para os modismos intelectuais, para a predileção, por exemplo, dos historiadores modernos pela "grande perspectiva", um ponto de vista, acreditava Trilling, que obscurecia e mesmo justificava os males da história.

> Para os intelectos de certa sensibilidade, "a longa perspectiva" é a visão histórica mais falsa de todas e, por certo, a insistência na extensão da perspectiva pretende, exatamente, superar a sensibilidade – vistos de uma distância adequada, dizem, o cadáver e os membros retalhados não são tão terríveis e, por fim, até chegam a compor um "padrão significativo".[53]

Trilling, assim como Tocqueville antes dele, preferia um tipo de história mais antigo, uma história capaz, como disse Tácito, de "por em evidência" ações virtuosas e reprovar "os discursos e ações vergonhosas" – uma história de heróis e vilões, bem como de pessoas

---

[52] Tácito, *Anais*, trad. J. L. Freire de Carvalho, São Paulo, W. M. Jackson Inc. Editores, 1952 (Clássicos Jackson, vol. XXV), Livro III, 65. (N. T.)

[53] Lionel Trilling, "Tacitus Now" (1942), *The Liberal Imagination: Essays on Literature and Society*, New York, 1950, p. 201.

comuns. Esse tipo de história é inconsistente com o determinismo implícito na "longa perspectiva", um ponto de vista que exalta o tipo de "causa muito vasta" que Tocqueville acusava de negar o livre-arbítrio e a liberdade humana. Em uma das suas últimas aparições públicas, pouco tempo antes de morrer, Trilling descreveu-se como "uma pessoa do século XIX" porque ainda acreditava na "eficácia da vontade numa época em que poucos intelectuais ainda criam nisso". Ao pedirem a Trilling que comentasse a respeito do estruturalismo, lembrou que trinta anos antes tinha lutado contra o stalinismo e que "combateria o estruturalismo hoje como qualquer outro sistema contrário à vontade e à liberdade individual".[54]

Hoje está mais claro que nunca que sem vontade e liberdade não pode haver virtude e vício; e sem virtude e vício não podem existir heróis e vilões. Pode haver somente criados – criados que não reconhecem os heróis, sejam bons ou maus. De fato, criados que não reconhecem grandeza de tipo algum: nenhum acontecimento histórico significativo, nenhuma obra de arte, de literatura ou de filosofia que sejam superiores, nenhuma distinção essencial entre o trivial e o importante. Se tal mentalidade servil prevalecesse, todos, do mais humilde ao mais eminente, seríamos rebaixados. Felizmente, há algo no espírito humano que não tolera por muito tempo tal degradação. Tendo testemunhado recentemente a derrocada da tirania na União Soviética e nos satélites do Leste Europeu, podemos começar a esperar que nossos "professores" sejam edificados e elevados por tais acontecimentos – grandes eventos, repletos de heróis, vilões e criados.

---

[54] Robert Langbaum, "The Importance of *The Liberal Imagination*", *Salmagundi*, 1978, p. 65.

Capítulo 3 | De Marx a Hegel

Entre os acontecimentos mais inesperados dos últimos anos – não tão importantes quanto o colapso do comunismo, mas no cenário local não menos aterrador – foi a chegada de Hegel a Washington, primeiro, por cortesia de Francis Fukuyama, que nos apresentou ao "fim da história", e depois por Václav Havel, o presidente da recém-libertada Tchecoslováquia, que informou, numa sessão conjunta do Congresso que a lição da história recente era: "A consciência precede o ser". Havel não identificou a fonte dessa frase, muito menos a explicou, mas obteve uma salva de palmas do Congresso quando prosseguiu: "E não o contrário, como afirmam os marxistas".[1]

"E não o contrário." Essas palavras foram mais vigorosas do que, talvez, ele pudesse desconfiar. Sugerem não só o triunfo de Hegel sobre Marx (mente ou espírito sobre a existência material), mas, também, uma leitura da história intelectual "ao contrário" – de Marx a Hegel em vez de Hegel a Marx.[2] A leitura cronológica convencional, de Hegel a Marx, leva consigo a conclusão, talvez não pretendida, de que Marx tomou o lugar de Hegel, que levou as ideias deste para um

---

[1] *Washington Post*, 23 fev. 1990.

[2] Após escrever este ensaio, descobri que "De Marx a Hegel" é o título de um livro de ensaios de George Lichtheim, London, 1971. No ensaio de mesmo título, Lichtheim se concentra em três pensadores contemporâneos que, de maneiras diferentes, "hegelianizaram" Marx: Georg Lukács, Theodor Adorno e Herbert Marcuse.

nível mais novo, mais verdadeiro, mais elevado – e Marx triunfou sobre Hegel. A leitura reversa é, paradoxalmente, mais precisa em termos históricos, pois não só afirma o triunfo tardio de Hegel sobre Marx, mas também nos permite ver mais claramente o que se entende por: "Marx pôs Hegel de pernas para o ar" – e o que Havel quis dizer ao afirmar, na realidade, que Hegel fora novamente colocado de pé, na devida posição. O oposto também é fiel à recente história do marxismo, a hegelianização do marxismo à guisa de neomarxismo. Foi esse marxismo hegelianizado que Milovan Djilas popularizou com o lema "socialismo de rosto humano" e que manteve vivo algo do dogma, ao menos nos círculos acadêmicos, muito depois do verdadeiro marxismo ter sido desacreditado.

* * *

Uma das coisas curiosas acerca dessa cronologia reversa é que fomos alertados a respeito dela por outro europeu oriental, dessa vez um húngaro, há mais de um século.[3] Um "primeiro" ou "jovem" Marx foi descoberto – ou melhor, inventado, o que torna o assunto ainda mais interessante – por Georg Lukács, em 1923. Isso se deu quarenta anos após a morte de Marx e vinte e oito após a de Engels. Salvo por Engels, nenhum dos principais comentadores marxistas (ou marxistas revisionistas) de "Marx antes da Revolução Russa" ou de "Marx nas primeiras décadas da Revolução" – Kautsky, Bernstein, Plekhanov, Lênin – tinha lido ou mesmo conhecia as obras do primeiro

---

[3] Talvez o primeiro relato em inglês do "jovem Marx" e suas relações com os jovens hegelianos é Sidney Hook, *From Hegel to Marx: Studies in the Intellectual Development of Karl Marx*, New York, 1936. Para um resumo da redescoberta do jovem Marx, ver: Daniel Bell, *The End of Ideology*, Glencoe, Ill., 1960 [no Brasil: Daniel Bell, *O Fim da Ideologia*, trad. Sérgio Bath, Brasília, UnB, 1980, vol. 11 (Coleção Pensamento Político) (N. T.)]; Robert Tucker, *Philosophy and Myth in Karl Marx*, Cambridge, England, 1961. Existe agora uma volumosa literatura tanto sobre os jovens hegelianos da época de Marx e os neomarxistas de nossa época.

Marx que agora avultam na literatura marxista: Os *Manuscritos Econômico-Filosóficos*, de 1844, e *A Ideologia Alemã*, de 1845-46.[4] Não sabiam da existência delas pela boa razão de nunca terem sido publicadas, nem mesmo na juventude de Marx.[5]

Poucos anos após a morte de Marx, Engels escreveu uma longa resenha de um livro de Ludwig Feuerbach, ao qual apensou duas páginas de um dos primeiros manuscritos de Marx, o agora famoso (ao menos nos círculos marxistas) *"Teses sobre Feuerbach"*. Foram apenas umas páginas que Engels achou que valiam ser salvas das seiscentas e muitas páginas de um manuscrito não publicado (e nem mesmo mencionou o nome desse manuscrito, *A Ideologia Alemã*) que ele e Marx tinham propositadamente abandonado, explicou, para "ser roído pelos ratos" (literalmente, muitas páginas do manuscrito foram, de fato, consumidas pelos camundongos). Quando um camarada russo sugeriu publicar os primeiros escritos de Marx, Engels, bruscamente, respondeu que Marx também escrevera poesia quando jovem, mas certamente ninguém gostaria de ler aquilo agora. Além disso, acrescentou: "A fim de penetrar naqueles velhos papéis seria necessário estar interessado no próprio Hegel, o que não acontecia mais, ou, pelo menos, não era o caso de Kautsky ou de Bernstein".[6]

---

[4] No Brasil encontramos as seguintes edições: *Manuscritos Econômico-Filosóficos*, trad. J. Ranieri, São Paulo, Boitempo, 2004; e *A Ideologia Alemã*, trad. R. Enderle, N. Schneider e L. Martorano, São Paulo, Boitempo, 2007. (N. T.)

[5] Poucos dos outros primeiros escritos foram publicados na época, mas nunca foram reimpressos e permaneceram quase totalmente desconhecidos enquanto Marx viveu. Dentre eles temos a *Introdução* à *Crítica da Filosofia do Direito de Hegel* e *Sobre a Questão Judaica*, que foram publicados num periódico de esquerda alemão em Paris que sobreviveu a apenas uma edição, e a extensa polêmica sobre Bruno e Edgar Bauer, chamada de *"A Sagrada Família"*, conhecida apenas por um diminuto círculo de imigrantes alemães radicais.

[6] Daniel Bell, *O Fim da Ideologia*, trad. Sérgio Bath, Brasília, UnB, 1980, vol. 11, p. 293. (Coleção Pensamento Político) (N. T.)

Depois da Revolução Russa, os arquivos de Marx e Engels foram transferidos pelo Partido Comunista alemão para o Partido Comunista da União Soviética. Em 1927, um prospecto das *Obras Completas* de Marx e Engels foi publicado, incluindo um breve resumo dos primeiros escritos não publicados. Em 1932, surgiram os primeiros volumes dessa edição, que incluíam alguns desses primeiros escritos.

A parte intrigante dessa história é que vários anos antes da publicação do prospecto, Lukács, um marxista que também era filósofo e, portanto, estava familiarizado com Hegel, publicou uma coletânea de ensaios, *História e Consciência de Classe*,[7] que causou uma espécie de agitação na época e desde então se tornou um livro venerado entre os marxistas. Lukács nada sabia a respeito dos primeiros escritos de Marx, o que sabia, assim como todo mundo, é que Marx estudara Hegel. E com base somente nesse fato, lendo ao revés, de Marx para Hegel, deduziu que as ideias de Marx eram mais hegelianas na origem do que jamais se suspeitara – que o conceito econômico de "exploração", por exemplo, derivava do conceito metafísico de Hegel de "alienação" (o próprio Marx obscureceu tal fato ao, desdenhosamente, não admitir, em o *Manifesto Comunista*, a ideia de alienação junto com todos os "absurdos filosóficos").[8]

O livro de Lukács, apresentando esse Marx hegelianizado, foi publicado em 1923 e imediatamente condenado pelo Partido Comunista da União Soviética como uma heresia "idealista". Após Hitler subir ao poder, Lukács (que estivera vivendo na Alemanha) fugiu para a União Soviética, onde emitiu uma retratação pública de seu livro. A ironia é que, nessa altura, os primeiros escritos de Marx haviam sido publicados, e confirmavam totalmente a teoria de Lukács acerca das fontes hegelianas do marxismo. A ironia maior

---

[7] No Brasil, encontramos a obra na seguinte edição: Georg Lukács, *História e Consciência de Classe*, São Paulo, Martins Fontes, 2003. (N. T.)

[8] K. Marx e F. Engels, *Manifesto do Partido Comunista*, trad. M. A. Nogueira e L. Konder, Petrópolis, Vozes/EDUSF, 1998, cap. III, p. 92. (N. T.)

é que ao longo dos anos 1930, quando Marx estava se tornando cada vez mais influente entre os intelectuais ocidentais, os primeiros escritos permaneceram, praticamente, desconhecidos. Foi somente após a Segunda Guerra Mundial, com o reflorescimento do interesse em Hegel por parte da escola de Frankfurt e dos existencialistas, que o jovem Marx começou a aparecer – de fato, começou a ofuscar o Marx da maturidade.[9] Atualmente o jovem Marx é tão dominante nos círculos acadêmicos que quase não podemos ver as verdadeiras feições do Marx da maturidade – o Marx histórico, poderiam dizer, o Marx de Lenin, de Stalin e de Mao.

* * *

O sistema hegeliano que Marx tinha em mente estava centrado na ideia de história. É difícil agora, em nossa época totalmente historicista, apreciar quão nova era a filosofia da história de Hegel. Falamos da revolução kantiana – a criação do homem de Kant, o conhecedor, o centro da realidade, em lugar da coisa, da realidade objetiva que é conhecida. Raramente, contudo, falamos da revolução hegeliana – a criação da história como o centro da realidade.

Na verdade, os filósofos sempre estiveram cientes da história – o transiente, o efêmero, o fluxo do tempo e da mudança. O que Hegel fez foi encontrar o significado da História – não o significado trivial que sempre pode ser encontrado em acontecimentos corriqueiros, mas um grande significado metafísico, teleológico, para toda a história. Tal significado repousa naquilo que chama de Razão. "O único pensamento que a filosofia aporta é a contemplação da história; é a simples ideia de que a *Razão* governa o mundo, e que, portanto, a

---

[9] Os membros da escola de Frankfurt (Theodor Adorno, Max Horkheimer) sempre estiveram interessados em Hegel, mas foi somente após a guerra, quando a maioria deles veio morar no Ocidente, que se tornaram influentes fora do próprio círculo. Logo depois da guerra, Alexandre Kojève introduziu um Hegel marxizado na França.

história universal é também um processo racional."¹⁰ Filósofos anteriores situaram a razão na natureza do homem ou, mais tarde, na natureza da mente. Hegel a assentou na história, uma história que pensa a si mesma, de certo modo, em existência, que percebe gradualmente a própria racionalidade, época após época, e povo após povo, até que esteja plenamente realizada na história universal que é o fim da história. Essa Razão não é a razão familiar, do senso comum, de todos os dias, a razão que usamos nos acontecimentos cotidianos de nossas vidas. É, por assim dizer, uma Razão com letra maiúscula (em alemão, é claro, todos os substantivos são grafados com maiúscula), uma Razão cósmica, uma Razão que dá significado à história – "dar significado" não no sentido de tornar a história totalmente compreensível para os seres humanos, mas que torna a história significativa e racional em si e por si mesma.

Isso não dizer que Hegel acreditava que tudo o que acontece na história é racional – embora essa seja a acusação comumente lançada contra ele. A ideia de que tudo que existe é racional e, portanto, legítimo pareceria legitimar a totalidade da ordem existente, o *status quo*. Hegel é citado da seguinte maneira: "O mundo real é como deve ser". O restante da sentença raramente é citado: "O bem verdadeiro – a razão divina universal – não é mera abstração, mas um princípio vital capaz de se concretizar".¹¹ "*Capaz* de se concretizar" – que ainda não é real. Em qualquer momento é "como deve ser", mas esse "dever ser"

---

¹⁰ G. W. F. Hegel, *Filosofia da História*, trad. Maria Rodrigues e Hans Harden, Brasília, Editora Universidade de Brasília, 2008, p. 17. A autora observa que a maiúscula em "razão" foi um grifo dela, pois, no contexto, dá ênfase e significação. (N. T.)

¹¹ Optamos aqui por traduzir a passagem do inglês e não utilizar a tradução em português existente por conta dos comentários posteriores da autora que perderiam o sentido. O trecho na edição brasileira da *Filosofia da História*, citada anteriormente, encontra-se na p. 37 e diz tão somente: "o mundo real – tal como deve ser –, o bem verdadeiro e a razão divina universal têm o poder de se realizar". (N. T.)

está, ele mesmo, em constante mudança. Assim, a Razão é somente concretizada parcialmente e o real é apenas parcialmente racional. Se a Razão estivesse plenamente concretizada, então a história estaria no fim, e realmente estaríamos no estado que, ultimamente, ouvimos tanto falar: no Fim da História.

Isto é, por meio da dialética da história, a dinâmica da história, que o racional gradualmente se concretiza na história. Essa dialética depende do duplo sentido da "história": a história empírica, factual, presente – o "panorama" da história, como diz Hegel (história com letra minúscula, poderíamos dizer), e, como Hegel chama a História: como ela é ao ser penetrada pela Razão, a História racional (História com letra maiúscula). Hegel não nega a realidade da história presente, como alguns alegam. Ao contrário, insiste nisso, pois é somente por meio da história presente que emerge a História racional.

A história presente, a história como experimentada por seres humanos nas suas vidas diárias, é repleta de "irrazoável" – violência, males, vícios, decadência.[12] É aí que os homens expressam em ações as necessidades, paixões, interesses, personalidades e talentos. E é por esse meio, por indivíduos buscando a satisfação dos próprios desejos particulares – e não por intervenção divina ou por uma providência predeterminada – que surge a Razão. Essa é a "astúcia da Razão" – a Razão utilizando a paixão e o interesse para atingir seus objetivos, utilizando o particular para concretizar o universal. Ao buscar as próprias paixões ou interesses, os indivíduos, involuntariamente, produzem resultados além de seus propósitos. "Porém, ao realizar seus interesses, eles realizam algo mais abrangente, algo que se oculta no interior de suas ações, mas que não está em sua consciência ou em sua intenção."[13]

---

[12] Em português, o tradutor de Hegel optou por utilizar "insensatez" em vez de "irrazoável ou irrazão", o que elimina o contraste com a razão e o racional. A referida passagem pode ser encontrada, em português, na p. 26 da supracitada *Filosofia da História*. (N. T.)

[13] G. W. F. Hegel, *Filosofia da História*, p. 31. (N. T.)

Algumas pessoas, "indivíduos histórico-universais",[14] favorecem o curso da história e aceleram o aparecimento da Razão de maneira mais direta e dramática. Mesmo quando são apenas instrumentos involuntários da Razão, levam a História para um novo estágio de desenvolvimento sem saber o que fazem. Pensam agir por interesse próprio ou segundo as próprias ideias e ideais, mas trazem dentro delas um espírito inconsciente a germinar internamente e que, por fim, irrompe, como um grão de uma casca, uma semente no ventre do tempo. Foi assim que César, buscando apenas promover o próprio poder autocrático, cumpriu o destino histórico de Roma e do mundo.[15]

A Razão revela-se na História, do mesmo modo o faz a Ideia ou o Espírito Imanente na História – a consciência da Liberdade. Aqui nos deparamos com outra leitura errônea de Hegel. Um de seus editores resumiu a tese de Hegel acerca da evolução do seguinte modo: "No passado, nas civilizações orientais, *um* [homem] era livre; na antiguidade clássica, Grécia e Roma, *alguns* eram livres; e nas civilizações alemã e anglo-saxônica modernas, *todos* são livres".[16] De fato, o que Hegel disse foi:

> Os orientais ainda não sabem que o espírito, ou o homem como tal, é livre em si mesmo; e porque não o sabem, eles não o são. Eles sabem apenas que só *um* ser humano é livre, mas por isso mesmo tal liberdade é apenas arbitrariedade, barbárie e embrutecimento reprimidos, ou suavidade da paixão, mansidão dessa mesma paixão, que é apenas contingência da natureza ou capricho. Esse único é, consequentemente, um déspota, e não um homem livre. Só entre os gregos é que surgiu

---

[14] A tradução da terminologia hegeliana difere um pouco nas traduções brasileiras, portanto, os termos "histórico-universal" e "histórico-mundial" aparecerão como equivalentes ao longo das citações, conforme a fonte brasileira utilizada. (N. T.)

[15] Idem, ibidem, p. 33-34. (N. T.)

[16] G. W. F. Hegel, *Reason in History: A General Introduction to the Philosophy of History*, trad. inglês e ed. Robert S. Hartman, Library of Liberal Arts, 1953, p. xvii.

a consciência da liberdade, e por isso eles foram livres; mas eles, bem como os romanos, sabiam somente que *alguns* eram livres, e não o homem como tal. Nem mesmo Platão ou Aristóteles o sabiam. Destarte, os gregos não apenas tiveram escravos, como suas vidas e a existência de sua agradável liberdade estavam ligadas a isso. Além disso, sua liberdade em parte não era senão uma flor ocasional, passageira e limitada, e em parte a cruel servidão do homem, do ser humano. Só as nações germânicas, no cristianismo, tomaram consciência de que o homem é livre como homem, que a liberdade do espírito constitui sua natureza mais intrínseca.[17]

Hegel não está falando da evolução da Liberdade, mas da evolução da *consciência* da Liberdade. Não diz que nas civilizações orientais somente uma pessoa era livre, que na antiguidade clássica algumas pessoas eram livres e que na modernidade todos são livres – mas, em vez disso, diz que na civilização oriental os homens só "sabem" que um deles é livre; na antiguidade, eles "sabiam" que alguns eram livres; e na modernidade ocidental, chegaram à "consciência" de que o homem, por ser homem, é livre. A Consciência é de suma importância para a Liberdade, assim como a Razão é de suma importância na História. É a consciência da Liberdade que é a "ordem do dia" que se revela na História. E assim, também, Havel nos recorda que "a consciência precede o ser". Para Hegel, a consciência é a condição primária, determinante de nosso Ser, de nossa existência – diferente de Marx, para quem o Ser, a existência material, precedeu e determinou a consciência.

* * *

Isso nos leva a Marx – ou, melhor, a seus predecessores, aos jovens hegelianos. Foram eles, e não Marx, que, pela primeira vez, puseram "Hegel de pernas para o ar". Hegel foi, em certo sentido, vítima da própria dialética: sua tese foi confrontada com a própria antítese na forma do jovem hegelianismo, do qual emergiu uma nova síntese,

---

[17] G. W. F. Hegel, *Filosofia da História*, p. 24. (N. T.)

o marxismo. O que é fascinante nessa história é quão rapidamente esse movimento de ideias surtiu efeito. Trotsky costumava advertir aos que desviavam da linha do partido: Se disser A, tem de dizer B, se disser B, então tem de dizer C, e assim por diante, até chegar a Z – ou seja, se começar o revisionismo, isso acabará na contrarrevolução. E assim foi com os jovens hegelianos. Cada descaminho inspirou um desvio ainda maior, até que toda a estrutura magnificamente articulada do hegelianismo terminou em ruínas.

Hegel morreu em 1831, deixando para trás dois grupos rivais de jovens hegelianos, o de esquerda e o de direita. A distinção tradicional entre os dois é que a direita aceitou o *conteúdo* do pensamento de Hegel – a Razão na História e o Estado moderno como a corporificação da Razão; ao passo que a esquerda aceitou a *forma* – a dialética como agente ou força motriz da mudança. Uma diferença mais impositiva na época dizia respeito à religião. A direita interpretou a Razão de Hegel como equivalente a Deus e, assim, sua filosofia como um amparo racional ao cristianismo; a esquerda tomou a Razão como um repúdio ao cristianismo, como a substituição da religião e a revelação como algo que seria dado pela filosofia e pela razão.

Era, de fato, a religião que preocupava os jovens hegelianos, tanto da esquerda quanto da direita.[18] A controvérsia começou em 1835, somente quatro anos após a morte de Hegel, com a publicação de *Das Leben Jesu* [A Vida de Jesus], de David F. Strauss. O livro estourou como uma bomba por toda a Europa culta, embora, em retrospecto, possa ter

---

[18] Ao ver o marxismo como um fenômeno puramente secular, muitos comentadores negaram ou diminuíram o papel que a religião exerceu em seu desenvolvimento. Sidney Hook, no influente livro *De Hegel a Marx* (1950), interpreta a briga entre a direita e a esquerda hegelianas como política, em que a religião era somente um pretexto do argumento. Essa interpretação teve origem em Engels no livro sobre Feuerbach em 1888, em que alegava que as questões religiosas eram uma máscara para diferenças políticas evitarem a censura. De fato, a censura religiosa era tão severa quanto a política. O filósofo Johann Fichte, por exemplo, foi expulso da cátedra em Jena sob a acusação de ateísmo.

parecido bastante suave. A tese era enganosamente simples: Os milagres narrados nos Evangelhos, mesmo a divindade de Cristo, não eram verdades literais, mas verdades míticas. Expressavam a consciência mítica dos primeiros cristãos; são crenças comunais primitivas que conferem significado, e Razão, às experiências daquela comunidade.

Poucos anos depois, Bruno Bauer deu um grande passo nessa argumentação ao negar não só os milagres e a divindade de Cristo, mas também a natureza mítica e comunal das crenças cristãs. Os Evangelhos, afirmava, não são nada mais que criações de homens individuais ao expressar suas crenças pessoais. Imputar-lhes qualquer significado mítico ou comunal é ser insuficientemente racional e crítico (isto é, filosófico).

Tanto Strauss quanto Bauer se viam como hegelianos, e cada um insistia que seu ponto de vista era a verdadeira interpretação hegeliana. Feuerbach foi o primeiro dos jovens hegelianos a romper com Hegel. Em *Das Wesen des Christentums* [A Essência do Cristianismo], diz que a religião representa não só o insucesso da consciência do homem, de sua razão crítica, mas também a falha da humanidade do homem, da capacidade de perceber-se plenamente como homem. A Razão de Hegel é "o último esteio racional da teologia" porque faz da Razão um Deus, uma ideia ou espírito fora do homem. Para devolver Deus ao homem, a pessoa tem de "virar Hegel de ponta-cabeça". Não foi Deus quem criou o homem à Sua imagem, mas o homem que criou Deus à imagem do homem. Desde que o homem guarde a ideia de Deus – ou da Razão, ou de qualquer propósito cósmico fora de si e superior a si mesmo – será alienado de seu ser verdadeiro. Ele pode superar essa alienação emancipando-se não só do cristianismo mas também da Razão de Hegel. A "essência" do homem é o próprio homem; a única religião do homem é a "Religião da Humanidade", *Homo homini deus est* – "O homem é o deus do homem".[19]

---

[19] Ludwig Feuerbach, *The Essence of Christianity*, trad. ingl. George Eliot, New York, 1957 [1ª ed. 1841], p. 271. [No Brasil, encontramos a seguinte edição: Ludwig Feuerbach, *A Essência do Cristianismo*, Petrópolis, Vozes, 2009.]

Somente três anos após Feuerbach ter virado Hegel de ponta-cabeça, outro jovem hegeliano, Max Stirner (nascido Johann Kaspar Schmidt) virou Feuerbach de cabeça para baixo. A obra de Stirner *Der Einzige und sein Eigentum* [O Único e a sua Propriedade] é uma negativa extrema de qualquer princípio filosófico transcendente, do homem-como-deus de Feuerbach, bem como da Razão-como-deus de Hegel. A Religião da Humanidade, disse, ainda é uma religião.[20] A única realidade é o "Ego", o "autônomo", o "Eu", o "único". Além disso não existe mais nada – nenhuma religião, nenhuma moralidade, nenhuma comunidade, nenhum sentido, nenhuma verdade. Muito antes de Nietzsche, Stirner escreveu: "Enquanto acreditares na verdade, não acreditas em ti e és um *servidor*, um... homem religioso".[21] Assim conclui O Único e a sua Propriedade:

> Sou o *proprietário* do meu poder, e sou-o ao reconhecer-me como único. No único, o próprio proprietário regressa ao nada criador de onde proveio. Todo ser superior acima de mim, seja ele Deus seja o homem, enfraquece o sentimento de minha unicidade e empalidece apenas diante do sol desta consciência. Se minha causa for a causa de mim, o único, ela se assentará em seu criador mortal e perecível, que a si próprio se consome. Então poderei dizer: Minha causa é a causa de nada.[22]

Eis o apogeu do jovem hegelianismo, um niilismo que era a antítese do racionalismo hegeliano. E esse mover do pensamento – do hegelianismo ao nietzschianismo, poderíamos dizer[23] – ocorreu em

---

[20] Stirner provou estar certo. Hoje, Feuerbach é parte da literatura de Teologia. Uma recente edição em brochura de *The Essence of Christianity* traz o prefácio de Reinhold Niebuhr e uma introdução de Karl Barth. Também é interessante notar que a tradução para o inglês dessa edição foi feita por George Eliot.

[21] Max Stirner, O *Único e a sua Propriedade*, trad. João Barrento, São Paulo, Martins, 2009, p. 456. (N. T.)

[22] Idem, ibidem, p. 472.

[23] Houve um renascimento do interesse em Stirner na década de 1890, concorrentemente ao nietzschianismo. O *Único e a sua Propriedade* foi republicado, então, pela primeira vez.

uma única década e por parte de um grupo muito pequeno, muito brilhante, muito audaz, muito articulado de rapazes bem jovens (David F. Strauss tinha 27 anos quando seu livro tomou a Europa de assalto, e os outros tinham mais ou menos a mesma idade).

De certa maneira, Hegel foi responsável por tudo isso. Em retrospecto, podemos ver que sua tese, certamente, produziria uma antítese. Sua ideia de Razão era tão absoluta, tão inebriante, que os seguidores ficaram, sem dúvida, tentados a cumprir a aspiração messiânica de transformar em ato a Razão – não no fim da história, mas no presente. Justamente por isso, a Liberdade que Hegel via como algo que, gradualmente, se revelava na história, isso também os jovens hegelianos tentaram tornar real, na sua totalidade, aqui e agora. Stirner foi ainda mais adiante, ao negar a Razão e pôr no lugar uma liberdade radicalmente individualista – na verdade, niilista – divorciada de qualquer ideal da própria humanidade. Poderíamos dizer, no entanto, que foi Hegel o verdadeiro revolucionário. Ao criar o Deus da Razão em vez do Deus da Revelação, inspirou uns (como Feuerbach) a criar um homem-deus, e ainda outros (como Stirner) a criar um homem sem deus.

* * *

Foi nesse ponto e nesse meio social que Marx surgiu no cenário. Pelo modo como são contadas as gerações intelectuais (dez ou quinze anos cada geração), Marx e Engels eram de uma geração mais jovem que a dos outros jovens hegelianos. Por um breve período, eles estiveram associados com alguns dos jovens hegelianos menos conhecidos (Moses Hess, Arnold Ruge), e os primeiros escritos da dupla muito deviam a eles. Em 1845, quando Marx estava com 27 anos (a mesma idade que Strauss tinha quando lançou ao mundo sua heresia), ele e Engels começaram a escrever *A Ideologia Alemã*, uma diatribe contra Bauer, Feuerbach e Stirner. Podemos ver por que o livro nunca foi publicado. Era excessivamente longo, vituperativo, muitas vezes escatológico no ataque aos jovens hegelianos, acusando-os, dentre outras coisas, de estarem atolados no monturo da religião porque todos eram obcecados com a consciência e a autoconsciência em lugar de se preocuparem com o mundo real das condições materiais (assim, epítetos religiosos são usados como zombaria – "São Max" para Stirner e "São Bruno" para Bauer).

O *Manifesto Comunista*, escrito três anos depois, foi a alternativa de Marx tanto ao hegelianismo como ao jovem hegelianismo. (Esse também foi uma produção conjunta de Marx e Engels; e, se é geralmente atribuído a Marx, é por causa de sua posterior proeminência, bem como por conveniência). O *Manifesto*, até mais que O *Capital*, revela a essência do marxismo. Também revela a destreza de Marx em virar Hegel de pernas para o ar, mesmo enquanto se apropria de uma das ideias cruciais de Hegel, a ideia de História.

O primeiro fato surpreendente a respeito do *Manifesto* é que não é tanto um manifesto, um chamado à ação, como é uma história, ou mais precisamente, uma filosofia da história – de fato, uma obra contra a *Filosofia da História* de Hegel. Em lugar da Razão como a força motriz da história, há a luta de classes: "A história de toda sociedade até hoje é a história de lutas de classes".[24] E, no lugar dos períodos da história definidos segundo a consciência da liberdade, os períodos marxistas são definidos pelo modo de produção e as relações de classe.

A história é crucial para o plano de Marx, assim como é para Hegel. Para Marx, e também para Hegel, a história tem a própria necessidade inexorável, teleológica; o movimento da história pode ser temporariamente desviado, mas não pode ser paralisado para sempre. A força motriz da história, entretanto, é radicalmente diferente. Onde a história de Hegel é guiada por uma Razão cósmica e pelo espírito da Liberdade, a de Marx é guiada pela produção material e pela luta de classe. Onde Hegel tem o grão do espírito irrompendo através da casca da atualidade para levar a história a um novo estágio

---

[24] K. Marx e F. Engels, *Manifesto do Partido Comunista*, op.cit., p. 66. (N. T.)

de desenvolvimento racional, Marx, utilizando uma metáfora quase idêntica, vê as relações de classe e as forças produtivas "despedaçadas" pelas contradições internas, gerando, assim, a revolução que leva a história a um novo estágio de desenvolvimento social.[25] Onde Hegel conta com a "astúcia da Razão" para promover o progresso da história – a história operando pelas paixões e interesses dos indivíduos –, Marx conta com o que poderia ser chamado de "astúcia da matéria" – a história progredindo por meio das contradições no modo de produção material e nas relações de classe.

* * *

Diferente de Hegel, Marx não tem heróis, não tem "indivíduos histórico-universais" para acelerar o movimento da história. Sequer existem indivíduos em seu esquema. Em vez disso tem classes e, acima de tudo, tem o proletariado "histórico-universal".[26] Isso suscita uma questão interessante: por que Marx, dirigindo-se ao proletariado, falando em sua defesa e em seu nome, o apresenta sob uma luz tão pouco atraente? A própria palavra é pejorativa. Deriva do latim *proles*, que significa "descendência" e originalmente se referia à classe mais baixa de cidadão romano, que servia ao Estado somente para gerar crianças. O relato no *Manifesto* não é mais lisonjeiro. O proletariado é retratado não só como uma classe de pobres, mas como uma classe que fica mais pobre a cada dia, que trabalha longas horas por salários menores, afundando-se cada vez mais no pauperismo e na escravidão, apenas o "suficiente para reproduzir sua pura e simples existência"[27] – de fato, quase não é humano, torna-se pouco mais que uma "mercadoria", um "simples acessório da máquina".[28]

---

[25] Idem, ibidem, p. 71. (N. T.)

[26] K. Marx e F. Engels, *A Ideologia Alemã*, op. cit., p. 39. (N. T.)

[27] K. Marx e F. Engels, *Manifesto do Partido Comunista*, op.cit., p. 81. (N. T.)

[28] Idem, ibidem, p. 72. (N. T.)

O proletariado é, portanto, desumanizado, carente de todas as qualidades morais e sociais normalmente atribuídas aos seres humanos: o senso de lei, de moralidade, de nacionalidade, de religião, de cultura, de família, de liberdade. Tudo isso, diz Marx, são puramente "preconceitos burgueses", "concepções burguesas".[29] No tópico da família, Marx é especialmente brutal. A família burguesa está baseada "sobre o capital, sobre o lucro privado";[30] o proletariado, por não ter capital, não tem família. Os comunistas não têm de introduzir uma "comunidade das mulheres" visto que "ela quase sempre existiu". Os burgueses, quando não estão buscando prostitutas e seduzindo as esposas uns dos outros, têm "à disposição as mulheres e as filhas de seus proletários". Por fim, o mais brutal, a ruptura "com todos os laços familiares dos proletários" que transforma "suas crianças em simples artigos de comércio e em simples instrumentos de trabalho".[31] [32]

---

[29] Idem, ibidem, p. 76, 83. (N. T.)

[30] Idem, ibidem, p. 83. (N. T.)

[31] Idem, ibidem, p. 84. (N. T.)

[32] Engels traçara a mesma imagem do proletariado inglês poucos anos antes. Tendo vivido na Inglaterra por menos de dois anos, sentia-se qualificado não só para prever uma iminente revolução na Inglaterra, mas também para analisar a "condição da classe trabalhadora" ("classe" no singular, contrário ao uso da língua inglesa, mas de acordo com a teoria marxista). Essa classe incluía dez mil desabrigados que vagavam nas ruas e outros milhões mais que lotavam imundos bairros pobres, em andrajos, doentes, estropiados, definhados, deformados, morrendo de fome ou vivendo num estado de quase fome. As condições morais também eram apavorantes, pois estavam reduzidos a um estado de degradação total, mais bestiais que humanos, dados à bebida, à violência, ao crime e à licenciosidade – um "povo completamente diferente" da burguesia (p. 162). Aí, também, a família, praticamente, não existe, destruída pelas fábricas e por lares infectos, abarrotados e sem nenhum conforto doméstico (p. 182). Quando não era "totalmente destruída", a família era "desorganizada", com a mulher trabalhando e o marido desempregado em casa, uma situação que "tolhe o caráter viril do homem e a feminilidade da mulher" (p.184). Além da promiscuidade sexual que era reinante entre os próprios trabalhadores, as mulheres também estavam à mercê dos empregadores, que desfrutavam do privilégio tradicional do senhor sobre o escravo, o *jus primae*

Esse é um retrato extraordinário da classe que deveria ser a portadora, a classe heroica da revolução. Marxistas posteriores chamaram de teoria da "imiseração" – a ideia de que as coisas são terríveis e só podem piorar até que ocorra um cataclismo que tornará tudo não apenas melhor, mas perfeito. Essa abstração, no entanto, não faz jus à descrição. A questão é: Por que Marx e Engels retratam o proletariado desse modo brutal, não tanto como uma classe à parte, mas como uma raça completamente diferente? Isso era, no mínimo, indelicado, pois estavam, afinal, se endereçando àquela classe e invocando que promovessem uma revolução. A descrição deles era demonstravelmente inverídica. Nunca foi verdadeira, as coisas nunca foram tão ruins. Certamente, por volta de 1848, quando o *Manifesto* foi escrito, isso era ainda menos verdadeiro, pois nessa ocasião as condições das classes operárias estavam melhorando – econômica, política, social e moralmente. Tornou-se ainda menos verdadeiro com o passar do século, embora os marxistas continuassem a defender a teoria da "imiseração".

Não era verdadeiro, mas era necessário para o propósito de Marx. Era necessário para criar um esquema histórico que fosse totalmente determinista. Somente se o proletariado fosse reduzido ao nível mais baixo, ao ponto de total pauperização e desumanização, a revolução seria uma necessidade histórica – não uma questão de vontade, de desejo ou consciência, mas de necessidade literal, física. Só nesse estágio da história, quando a crise do proletariado estivesse no auge, quando os trabalhadores mal pudessem se sustentar e se reproduzir, quando não tivessem nada a perder senão as correntes – e quando, ao mesmo tempo, a crise do capitalismo, acarretada pelas contradições do modo de produção capitalista, estivesse no apogeu –, somente então o comunismo seria inevitável, pois é, desse modo, um produto do "verdadeiro movimento" da história. O comunismo não é "um *ideal* para

---

noctis – a não ser pelo fato de que o empregador poderia exercer seu direito a qualquer tempo (p. 219). [F. Engels, *A Situação da Classe Trabalhadora na Inglaterra*, trad. B. A. Schumann, São Paulo, Boitempo, 2008. (N. T.)]

o qual a realidade deverá se direcionar".[33] É a própria realidade – a realidade de um proletariado que existe "histórico-mundialmente" e de um comunismo que tem uma "existência 'histórico-mundial'".[34] E é a descrição dessa realidade, do verdadeiro movimento da história, que torna sua filosofia, afirma Marx, não uma "especulação", mas uma "ciência real, positiva" – de fato, isso não a torna uma filosofia, pois "a filosofia autônoma perde, com a exposição da realidade, seu meio de existência".[35]

Foi Engels quem cunhou o termo "materialismo histórico" para descrever o marxismo. Alguns comentadores defendem que o conceito era próprio de Engels e que Marx não o teria utilizado ou aprovado. Na verdade, ele descreve precisamente o que Marx fez quando pôs Hegel de ponta-cabeça. Reteve a ideia crucial de história, que tornou o comunismo inevitável e "científico" – conservou até mesmo alguns dos termos característicos de Hegel (como o "histórico-universal") –, ao mesmo tempo que dava à história uma força motriz totalmente diferente. Se o hegelianismo pode ser caracterizado como "idealismo histórico" (que não é um rótulo inadequado), o marxismo pode ser apropriadamente descrito como "materialismo histórico".

* * *

Ao rejeitar o idealismo de Hegel, Marx recusou não só a Razão, mas também a Liberdade como as forças propulsoras da história. Essa é outra característica extraordinária do *Manifesto* – a ausência patente de apelos à Liberdade. Poderíamos pensar que Marx teria invocado a ideia, ainda que só por efeitos retóricos. Condenaria o capitalismo por privar o proletariado de liberdade – liberdade de expressão, ação e crença (ou descrença), de organização e eleitoral. E poderia ter dito

---

[33] K. Marx e F. Engels, *A Ideologia Alemã*, op. cit., p. 38. (N. T.)

[34] Idem, ibidem, p. 39. (N. T.)

[35] Idem, ibidem, p. 95. (N. T.)

em um dos argumentos em favor do comunismo que ele daria ao proletariado uma liberdade somente desfrutada pela burguesia. São dignos de respeito a honestidade e o rigor de Marx por não ter feito isso. Ao contrário, rejeitou a ideia de liberdade.

Toda referência à Liberdade no *Manifesto* (com uma única exceção) é invejosa. "Vossas concepções burguesas de liberdade, cultura, direito, etc. [...] cujo conteúdo é determinado pelas condições materiais de existência de vossa classe".[36] Os comunistas são acusados de querer abolir não somente a propriedade, mas também a individualidade e a liberdade – "e com razão", admite Marx. "Se trata realmente da supressão da personalidade, da independência e da liberdade do burguês",[37] pois para o burguês liberdade significa nada mais que "livre comércio, livre compra e venda".[38] As ideias de liberdade religiosa e liberdade de consciência que surgem no século XVIII "foram apenas a expressão do domínio da livre concorrência no campo do saber".[39] Não existem mais "verdades eternas" que as ideias de "liberdade, justiça, etc."; todas são parte da "consciência social de todos os séculos".[40] Os comunistas são acusados de querer eliminar essas ideias também – e novamente Marx conclui, com razão, que "a revolução comunista é a ruptura mais radical com as relações tradicionais de propriedade; não é de espantar que no curso de seu desenvolvimento ela rompa de maneira mais radical com as ideias tradicionais".[41]

A única exceção, a única referência positiva à liberdade em todo o *Manifesto*, aparece na última frase, na descrição do comunismo: "Em lugar da velha sociedade burguesa, com suas classes e seus

---

[36] Idem, *Manifesto do Partido Comunista*, op.cit., p. 83. (N. T.)

[37] Idem, ibidem, p. 81. (N. T.)

[38] Idem, ibidem, p. 82. (N. T.)

[39] Idem, ibidem, p. 85. (N. T.)

[40] Idem, ibidem, p. 86. (N. T.)

[41] Idem, ibidem, p. 86. (N. T.)

antagonismos de classes, surge uma associação na qual o livre desenvolvimento de cada um é a condição para o livre desenvolvimento de todos".[42] Ponto final. Fim da citação, fim da descrição. "Livre desenvolvimento" – o que Marx queria dizer com isso? A única pista que temos está em *A Ideologia Alemã*. É nessa obra que Marx nos dá uma imagem memorável da sociedade comunista desfrutando de uma liberdade totalmente distinta de tudo que anteriormente já foi chamado de liberdade. Em contraste com a sociedade burguesa, onde cada pessoa está confinada a um determinado papel produtivo, uma sociedade comunista:

> Regula a produção geral e me confere, assim, a possibilidade de hoje fazer isto, amanhã aquilo, de caçar pela manhã, de pescar à tarde, à noite dedicar-me à criação de gado, criticar após o jantar, exatamente de acordo com a minha vontade, sem que eu jamais me torne caçador, pescador, pastor ou crítico.[43]

Um intelecto mais prosaico pode achar difícil conceber uma sociedade comunista que possa "regular" a produção e que, ao mesmo tempo, deixe todos livres para fazer o que quiserem a cada minuto do dia. Em seguida, todavia, também é difícil conceber qualquer sociedade em que todos sejam tão livres para fazer o que desejarem, quando desejarem. Será que alguém pode realmente "criar gado" (gado leiteiro) somente à noite? E o que dizer das culturas agrícolas, curiosamente omitidas na passagem? Ou a produção de bens industriais, que também não aparece? Será que Marx julgou que o comunismo iria acabar com a industrialização (que é, afinal de contas, baseada na divisão do trabalho e, portanto, na organização do trabalho) juntamente com o capitalismo? Poderíamos pensar o que o proletariado dos dias de Marx, que não eram caçadores, pescadores, criadores de gado ou filósofos, mas trabalhadores agrícolas e de fábricas, teria

---

[42] Idem, ibidem, p. 87. (N. T.)

[43] K. Marx e F. Engels, *A Ideologia Alemã*, op. cit., p. 38. (N. T.)

pensado dessa visão de liberdade. É compreensível que Marx deva ter escolhido não se dedicar a isso – de fato, porque disse tão pouco, no *Manifesto* e em outras obras, sobre o estágio final do comunismo.

* * *

Se a liberdade, no sentido "burguês", convencional, não tinha significado ou valor para Marx (exceto como estratégia na luta contra o capitalismo), também não os tinha a "consciência". Isso também é muito desconcertante à primeira vista. Por que Marx foi tão insistente no princípio de que "não é a consciência que determina a vida, mas a vida que determina a consciência"?[44] Por que estava tão determinado em relegar a consciência – ideias, crenças, valores, cultura – à "superestrutura" da realidade? Por que compara "produtos intelectuais" com "produtos materiais", de modo que a abolição da propriedade burguesa necessariamente requererá a abolição da "cultura de classe"?[45] Por que priva o comunismo do apoio vigoroso de ideias "burguesas" como liberdade, igualdade, fraternidade, justiça e direitos naturais?

Certamente, essa teoria materialista da consciência criou sérios problemas para Marx e Engels, que eram, ambos, produtos incontestáveis da cultura e sociedade burguesas. (Engels era, de fato, um capitalista comprovado, sócio de várias fábricas, donde obtinha dinheiro para sustentar Marx.) Como puderam desenvolver uma consciência – ideias, princípios e valores – tão hostil aos próprios interesses de classe? Como, certamente, puderam criar o marxismo? E como puderam atrair tantos discípulos, também burgueses, e fazê-los agir contra os próprios interesses materiais?

Essas, todavia, são inconveniências menores comparadas às vantagens de um rigoroso materialismo e determinismo. E esse materialismo

---

[44] Idem, ibidem, p. 94. (N. T.)

[45] Idem, *Manifesto do Partido Comunista*, op. cit., p. 82-83. (N. T.)

e determinismo impossibilitaram tanto a liberdade quanto a consciência. Estas eram remanescentes ideológicos do passado. Marx estava interessado no futuro – um futuro que não dependesse dos caprichos das ideias dos homens ou de suas escolhas e ações conscientes.

* * *

O marxismo não ganhou adeptos por conta de suas teorias econômicas sobre valor ou mais-valia; os economistas logo expuseram as fraquezas dessas teorias. Não ganhou convertidos por conta das profecias sobre a pauperização do proletariado e a proletarização da "pequena burguesia"; a própria economia logo desmentiu esses vaticínios. Também não ganhou adeptos pela insistência na luta de classes e na revolução; uma escola de revisionismo marxista logo expôs a futilidade dessa estratégia. Nem ganhou convertidos por estar cheia de compaixão pelo sofrimento humano; o próprio Marx não nutria nada senão desprezo por aqueles que se interessavam somente pelo proletariado, como se referiu no *Manifesto*, a "classe que mais sofre".[46] [47]

O marxismo ganhou adeptos porque prometeu conquistar o futuro. Esperava conseguir por causa da potente combinação de materialismo e historicismo. O sucesso do marxismo estava assegurado pelo verdadeiro movimento da história – não por indivíduos buscando as próprias ideias e ideais, mas por uma classe que, de modo necessário, inexorável e inconscientemente, realizaria a revolução que conduziria a história para o próximo e último estágio do desenvolvimento.

Nada é mais sedutor que a certeza do sucesso. Às vezes dizem que a fraqueza do marxismo foi o determinismo histórico. Por que

---

[46] Idem, ibidem, p. 96. (N. T.)

[47] Essa foi uma das queixas de Marx com relação aos socialistas utópicos. Em vez de ver o proletariado no papel histórico como o portador da luta de classes, os utópicos estavam "conscientes de defender" [o proletariado] como a classe "que mais sofre". "O proletariado existe para eles apenas desse ponto de vista da classe que mais sofre." [*Manifesto do Partido Comunista*, op. cit., p. 96. (N. T.)]

lutar pelo comunismo se o sucesso é garantido? Por que formar ou ingressar no Partido Comunista se o próprio proletariado, pela própria existência, realizaria a revolução?[48] Esses, todavia, são argumentos de lógicos. Os políticos sabem que dar apoio a quem parece que vai ganhar é a política mais eficaz. O que Marx chamou de verdadeiro movimento da história conhecemos como "curso da história", a "onda do futuro". O comunismo, a sociedade sem classes, faz sua aparição, vaga, no entanto, somente no fim da história, mas o movimento rumo a tal fim ocorre no presente. E é a promessa desse fim utópico, não especificado e não descrito que justifica as severas necessidades do presente – o derramamento de sangue e o conflito inerentes à luta de classes e à revolução; a tirania e injustiça inevitáveis ao estágio intermediário do socialismo, conhecido como a ditadura do proletariado.

* * *

Para ganhar o futuro, Marx estava preparado para perder o homem – para "abolir o homem" (como disse C. S. Lewis). Hannah Arendt disse que nenhum pensador jamais reduzira tão completamente o homem a um *animal laborans* quanto Marx. Locke, assinala Arendt, fez do trabalho a fonte de toda a propriedade; Adam Smith fez do trabalho a fonte de toda a riqueza; Marx fez do trabalho a própria essência do homem.[49] Alguém poderia dizer que a própria palavra

---

[48] No *Manifesto*, Marx endereça essa última questão de maneira débil ao dizer que o Partido Comunista não tem "interesses" ou "princípios particulares" diferentes daqueles do proletariado; é simplesmente "a parte mais resoluta" dos partidos da classe trabalhadora, com uma compreensão clara "das condições, do andamento e dos resultados gerais do movimento proletário". [*Manifesto do Partido Comunista*, op. cit., p. 79. (N. T.)] Mais tarde, Lenin deu ao Partido Comunista um papel muito mais proeminente e positivo, tanto na teoria quanto na prática; a ditadura do proletariado era, de fato, a ditadura do partido.

[49] Hannah Arendt, *The Human Condition*, Chicago, University of Chicago Press, 1958 (*Labor and Fertility*), p. 101 ss. [Em português a obra pode ser encontrada na seguinte edição: Hannah Arendt, *A Condição Humana*, trad. Roberto Raposo, introd. Celso Lafer, Rio de Janeiro, Forense Universitária, 2008. (N. T.)]

"proletariado" – em vez de termos mais familiares na época, como "trabalhadores" e "classes trabalhadoras" – é mecanicista. "Trabalhadores" são indivíduos e as "classes trabalhadoras" comprovam a pluralidade e heterogeneidade dessas classes. Além disso, ambas preservam a dignidade associada ao "trabalho". "Proletariado", por sua vez, nega a individualidade e a variedade dos trabalhadores, reconhecendo somente uma classe única e indiferenciada – uma classe que não partilha de uma natureza humana comum ("genérica", como diria Marx) com outras classes, mas é totalmente distinta e identificada como um instrumento de produção. Marx acusou a burguesia de reduzir o proletariado a uma "mercadoria", a um "acessório da máquina".[50] Ele mesmo, no entanto, fez exatamente isso.[51]

A combinação marxista de materialismo e determinismo é, fatalmente, anti-humanista. Nega uma consciência, uma mentalidade, independente das condições materiais e das relações de classe. Nega uma vontade e uma volição capazes de moldar o curso da história. Nega uma individualidade que não seja redutível a uma classe. Nega igualmente a ideia e a realidade da liberdade, uma liberdade que é algo mais que a liberdade "burguesa" de comprar e vender. Nega uma moralidade que transcenda os interesses de classe e nega

---

[50] *Manifesto do Partido Comunista*, op. cit., p. 72. (N. T.)

[51] Em seus dias de jovem hegeliano, Marx falou do proletariado em termos muito diferentes: como uma classe que "não seja uma classe"; uma classe que represente "a dissolução de todas as classes"; uma esfera que tenha um caráter "universal" porque representa "sofrimentos [que] são universais"; que não exige uma "reparação particular" pois "o mal que lhe é feito não é um mal particular"; que não "possa exigir um título histórico", mas apenas o "título humano"; que só possa "emancipar a si mesma" se emancipar "todas as outras esferas da sociedade"; que possa "redimir-se a si mesma *mediante a redenção total do homem*". [K. Marx, *Para a Crítica da Filosofia do Direito de Hegel*, trad. Artur Morão, Covilhã, 2008, p. 20. (N. T.)] Isso foi escrito em 1844 e foi a última vez em que Marx falou de maneira "humanística". No ano seguinte, após a publicação do livro de Stirner, ele condenou amargamente essa concepção de proletariado e de homem. E, no *Manifesto*, escarnece do "socialismo 'alemão' ou 'verdadeiro'" que ainda está ligado a essa concepção.

a espiritualidade do homem – tanto no senso religioso ortodoxo, no senso filosófico hegeliano ou no senso humanístico feuerbachiano.

Ao colocar o marxismo de volta no contexto hegeliano, podemos ver o que significa pôr Hegel de ponta-cabeça. Parafraseando o memorável dito de Freud, "onde estava o Id, deve estar o Ego", poderíamos dizer de Marx, "onde estava o espírito, deve estar a matéria". O assim chamado Marx "humanista", louvado pelos neomarxistas, é um oximoro. É, na verdade, um insulto a Marx, pois desfigura tudo o que ele buscou, com tanto afinco, realizar. Como poderia ter dito "Yogi" Berra: "Se Marx estivesse vivo hoje, estaria se revirando no caixão".[52]

Marx também estaria se revirando no caixão ao contemplar os acontecimentos dos últimos anos – o repúdio não somente dos regimes comunistas da Rússia e do Leste Europeu, mas também da ideologia do marxismo. Teria ficado ainda mais aflito ao pensar que sua derrota foi, em certo sentido, o triunfo de Hegel. Os intelectuais que outrora liam Marx agora leem Hegel – e o interpretam e reinterpretam assim como faziam com Marx. E mesmo o proletariado (ou o povo – "proletariado" é tão obsoleto quanto o marxismo), ao rejeitar o comunismo, estava afirmando algo como a Razão, a Liberdade, o Espírito ou a Consciência de Hegel. A *Perestroika* pode ter sido o gatilho da revolução (ou contrarrevolução, como diria Marx), mas a *Glasnost* foi muito além das intenções de seu introdutor. O grão na casca finalmente irrompeu, a semente no ventre do tempo era o espírito da liberdade, um espírito que quase três quartos de século de comunismo não conseguiu erradicar.

Havel estava certo. Se a liberdade pela qual lutou não foi bem a liberdade de Hegel, ela tinha mais em comum com Hegel do que com Marx. E a lição que aprendeu dessa luta, de que "a consciência

---

[52] Referência a Lawrence Peter "Yogi" Berra, ex-jogador da liga norte-americana de beisebol nas décadas de 1940 a 1960, famoso por ditos tautológicos e/ou com aparentes contradições, conhecidos como "Yogismos". (N. T.)

precede o ser, e não o contrário", ainda que obscura para sua audiência de parlamentares, foi puro Hegel. Há muitas outras coisas em Hegel que Havel deplora, assim como o fazem, sem dúvida, muitos conservadores e progressistas, mas a respeito desse ponto-chave, sobre o primado da consciência e seus correlatos – Razão, Espírito, Liberdade –, todos podemos aprender com Havel, assim como ele aprendeu com Hegel. O "verdadeiro movimento" da história, como verificamos, não é estimulado pela matéria, mas pelo espírito, pela vontade de liberdade.

Capítulo 4 | Liberdade: "Um Princípio Muito Simples"?

O fim da Guerra Fria nos libertou de mais maneiras que poderíamos imaginar. Libertou-nos da tirania do comunismo e dos grilhões do marxismo, bem como nos libertou para reexaminar o liberalismo[1] que, neste momento, triunfa. Por mais de meio século, diante da dupla ameaça do nazismo e do comunismo, o problema urgente com que nos deparávamos era: Como o liberalismo pode defender-se do totalitarismo? Como uma sociedade, que é individualista, pluralista, pacífica, fiel aos prazeres privados e à tranquilidade doméstica, poderá vencer um inimigo que é coletivista, autoritário, militarista, movido por poder e conquista? A derrota do nazismo e o colapso do império soviético provaram, de modo conclusivo, que o totalitarismo não é somente opressivo e assassino; é ineficiente e desastrosamente vulnerável.

---

[1] Os termos "liberalismo" e "liberal", tal como aparecem no presente artigo, embora guardem alguns pontos em comum com o legado dos pensadores liberais clássicos, estão sendo empregados da forma como o foram nos Estados Unidos ao longo do século XX até os dias de hoje. Esse "liberalismo" pode ser compreendido como uma espécie de visão esquerdista moderada e progressista que tenta sintetizar, em suas crenças e na prática política, elementos do liberalismo clássico com algumas ideias da esquerda progressista, como ocorreu, por exemplo, no *New Deal*. Tal perspectiva não deve ser confundida com a dos socialistas fabianos ingleses, dos sociais-democratas europeus ou latino-americanos, dos socialistas radicais e muito menos com a visão de liberalismo como doutrina "de direita", que é a interpretação corrente no Brasil. (N. T.)

Devemos confrontar agora outro problema: não se trata mais de como o liberalismo pode defender-se do totalitarismo, mas de como pode defender-se de si mesmo – das próprias fraquezas e excessos. No jargão marxista, que sobreviveu à morte dos regimes marxistas, essa é uma nova "problemática" do liberalismo. Como uma sociedade que louva as virtudes da liberdade, da individualidade, da variedade e da tolerância se sustenta quando tais virtudes, levadas ao extremo, ameaçam subverter aquela mesma sociedade liberal e, com isso, as próprias virtudes?

O problema não é político, mas social, cultural e moral; é o *ethos* do liberalismo que está em questão. Esse também não é um problema novo, visto que remonta, ao menos, àquilo que hoje chamamos de "liberalismo clássico" do século XIX. A questão de sua genealogia excede o interesse acadêmico. Se o problema é inerente ao liberalismo clássico, então não é, como de outra forma poderíamos crer, uma aberração privativa da democracia norte-americana (o "excepcionalismo" norte-americano), do capitalismo "consumista" ou da sociedade "pós-industrial". Tais circunstâncias podem tê-lo exacerbado, mas não o criaram. E se é assim, então, é algo que diz respeito a todos os países, aos recém-libertos e aos de tradição liberal há muito já instituída.

O texto tradicional do liberalismo clássico é, certamente, *A Liberdade*, de John Stuart Mill; no entanto, esse é também o texto consagrado do conservadorismo libertário, que se considera o verdadeiro herdeiro do liberalismo clássico. Além disso, esse é o texto clássico do radicalismo, ao menos de uma determinada escola do radicalismo que se vê como a implementadora da pauta malograda do liberalismo, a meta da verdadeira libertação. Em suma, é uma espécie de ícone da modernidade, ao dotar, de autoridade intelectual e legitimidade, ideias e posturas que dominam nossa sociedade.

Igualmente tem o mérito de expor a questão em termos que são ainda mais relevantes hoje do que na época de Mill. As primeiras páginas de *A Liberdade* nos informam que o problema da liberdade não é mais um problema de liberdade política, da luta contra um regime tirânico que impõe sua vontade arbitrária a uma multidão oprimida. Esse problema, Mill nos garante, é resolvido pela instituição de um governo popular – ao menos nos países mais avançados e, em potencial, nos demais países ao alcançarem a maturidade civilizacional.[2] Agora, o problema enfrentado pela liberdade é uma nova forma de tirania, a "tirania social" exercida pela própria população sobre o indivíduo.

A frase de abertura de *A Liberdade* apresenta o próprio objeto, "Liberdade Social ou Civil", e define sua esfera de ação: "a natureza e os limites do poder que a sociedade pode legitimamente exercer sobre o indivíduo".[3] A magnitude do tema torna ainda mais grave aquele "princípio muito simples" que lhe resta no âmago.[4] A passagem que

---

[2] Se o governo popular era uma questão já decidida, a melhor forma desse governo não o era. Mill abordou tal questão em um panfleto, *Thoughts on Parliamentary Government* [Reflexões sobre o Governo Parlamentar], publicado poucos meses depois de *A Liberdade*, e apresentou o problema de maneira bem mais extensa dois anos depois, na obra *Considerations on Representative Government*. [No Brasil, temos algumas edições da obra, como: J. S. Mill, *Considerações sobre o Governo Representativo*, trad. Manoel Innocêncio de Lacerda Santos Jr., Brasília, UnB, 1981 (Coleção Pensamento Político, n. 19); e J. S. Mill, *O Governo Representativo*, trad. E. Jacy Monteiro, São Paulo, IBRASA, 1983. (N. T.)]

[3] J. S. Mill, *A Liberdade / Utilitarismo*, trad. Eunice Ostrensky, São Paulo, Martins Fontes, 2000, cap. I, p. 5. [Doravante todas as citações da referida obra de Mill serão feitas a partir dessa edição.] (N. T.)

[4] Idem, *A Liberdade*, cap. I, p. 17 (N. T.). Ronald Dworkin admite que, embora o princípio de Mill possa parecer absoluto, isso tem pouca importância, pois o princípio em si é "de aplicação muito limitada":

Refere-se apenas àquelas ocasiões relativamente raras em que se pede a um governo que proíba algum ato pela única razão de que o ato é perigoso para quem o pratica, como dirigir uma motocicleta sem capacete. Ou pela razão de que o ato é ofensivo aos padrões morais da comunidade, como a prática da homossexualidade ou a publicação ou a leitura de material pornográfico. Essas decisões constituem

descreve tal princípio deve ser lida na sua integralidade, para que apreciemos como é demasiado simples e absoluto:

> A finalidade deste Ensaio é sustentar um princípio bastante simples, capaz de governar absolutamente as relações da sociedade com o indivíduo no que diz respeito à compulsão e ao controle, quer os meios empregados sejam os da força física sob a forma de penalidades legais, quer a coerção moral da opinião pública. Esse princípio é o de que a autoproteção constitui a única finalidade pela qual se garante à humanidade, individual ou coletivamente, interferir na liberdade de ação de qualquer um. O único propósito de se exercer legitimamente o poder sobre qualquer membro de uma comunidade civilizada, contra sua vontade, é evitar dano aos demais. Seu próprio bem, físico ou moral, não é garantia suficiente. Não pode ser legitimamente compelido a fazer ou deixar de fazer por ser melhor para ele, porque o fará feliz, porque, na opinião dos outros, fazê-lo seria sábio ou mesmo acertado. Essas são boas razões para o advertir, contestar, persuadir, instar, mas não para o compelir ou castigar quando procede de outra forma. Para justificar esse exercício do poder, é preciso mostrar-lhe que a conduta que se pretende impedi-lo de ter produzirá mal a outrem. A única parte da conduta de cada um, pela qual é responsável perante a sociedade, é a que diz respeito a outros. Na parte que diz respeito apenas a si mesmo, sua independência é, de direito, absoluta. Sobre si mesmo, sobre seu corpo e mente, o indivíduo é soberano.[5]

---

uma parte insignificante das ocupações de qualquer governo responsável. [...] Quanto mais limitada a esfera de aplicação de um princípio, mais plausível se torna afirmar que ele é válido incondicionalmente. [Ronald Dworkin, *Levando os Direitos a Sério*, trad. e notas Nelson Boeira, São Paulo, Martins Fontes, 2002, p. 402. (Coleção Justiça e Direito) (N. T.)]

[5] Não creio que Mill apreciaria uma defesa do princípio por sua "aplicação muito limitada" e por ser empregável em "ocasiões relativamente raras", como ao deixar de utilizar o capacete ao dirigir motocicleta – em especial porque Mill, explicitamente, na primeira sentença de sua obra, deu ao princípio considerável aplicabilidade – não só com relação ao poder do governo, mas ao poder da sociedade.
Idem, *A Liberdade*, cap. I, p. 17-18. (N. T.)

A retórica é simples e incondicional como o próprio princípio. "Um princípio muito simples" governa "absolutamente" as relações do indivíduo e da sociedade; a "única" finalidade pela qual a sociedade deve interferir na liberdade de um indivíduo é a da autoproteção; o "único" propósito pelo qual o poder tem condições de ser exercido sobre um indivíduo é para evitar o dano a outrem; a "única" parte da conduta individual submissa à sociedade é a que diz respeito aos outros; no que concerne ao próprio indivíduo, sua independência é "absoluta"; sobre os "próprios" corpo e mente, ele é "soberano".[6]

A retórica também aponta para uma disjunção radical entre o indivíduo e a sociedade – de fato, um relacionamento antagônico, que atribui ao indivíduo todos os atributos positivos e honoríficos, e à sociedade, tudo que há de pejorativo. Assim, o indivíduo é dotado de "liberdade" e "arbítrio"; o próprio bem é algo de sua total responsabilidade; sua "independência" é absoluta, é "soberano". A sociedade, por outro lado, age via "compulsão", "controle", "força", "coerção", "interferência", "tirania". Essas qualidades negativas

---

[6] O parágrafo que se segue ao acima citado parece introduzir outras classificações, mas essas são tão mínimas que têm pouco efeito prático. Diz que o princípio se aplica "a seres humanos que atingiram a maturidade de suas faculdades", e não àqueles "estados atrasados da sociedade, nos quais é possível que a própria raça seja concebida como ainda em menoridade". Mill, no entanto, define literalmente maturidade para excluir somente as "crianças ou aos jovens cuja idade seja inferior à determinada por lei como a da maioridade" (*A Liberdade*, cap. I, p. 18); e o estágio de civilização requerido, diz, "há muito [foi] alcançado por todas as nações das quais precisamos nos ocupar neste Ensaio" (*A Liberdade*, cap. I, p. 19). [Mais tarde, no mesmo ensaio, Mill define "maturidade" ao referir-se a pessoas "gozando do grau ordinário de desenvolvimento" (*A Liberdade*, cap. IV, p. 116).] Não existe nada nessas restrições que ratifique o ponto de vista de alguns comentadores de que Mill pretendia limitar o princípio da liberdade àqueles indivíduos de superior competência intelectual ou moral, ou a um nível elevado de civilização – menos ainda que fora concebido para ser aplicado somente a "um público maduro que mantivesse o debate de maneira comedida e civilizada". [Sobre esse comentário ver: Henry Magid, "John Stuart Mill", *History of Political Philosophy*, eds. Leo Strauss e Joseph Cropsey, 3ª ed., Chicago, 1987, p. 99.]

se aplicam à sociedade, quer esteja ela a agir por meio de "força física sob a forma de penalidades legais", quer por "coerção moral da opinião pública".[7] Mesmo naquela única circunstância em que a sociedade pode "intervir" legitimamente, seu propósito é negativo, deve evitar o "dano" ou o "mal" a outrem. Há uma vedação explícita a que faça qualquer coisa positiva ou desejável, que tente promover o "bem" do indivíduo, a torná-lo "melhor" ou mais "feliz", ou a fazer o que possa crer ser o mais "sábio ou acertado".

Esse "princípio muito simples", Mill continua a explicar, rege os campos do pensamento, do discurso e da ação ("individualidade") e da reunião (associação de indivíduos). E é esse princípio, e não o sistema político, que determina se uma nação é ou não livre. "Nenhuma sociedade é livre se não se respeitam, em conjunto, essas liberdades, seja qual for sua forma de governo; e nenhuma sociedade é completamente livre se tais liberdades não existirem em caráter absoluto e sem reservas".[8]

* * *

Assim como a liberdade de pensamento é absoluta, o mesmo se dá quanto à liberdade de expressão, que é "inseparável" da liberdade de pensamento. Ademais, a liberdade de expressão é essencial não só por si mesma, mas por amor à verdade, que requer absoluta liberdade para a expressão das opiniões impopulares e mesmo daquelas comprovadamente falsas. Na verdade, opiniões falsas e impopulares são tão importantes à verdade que devem ser encorajadas e disseminadas, caso necessário, por "advogados do diabo", pois somente pelo "choque entre opiniões adversas" que a mais correta dentre as verdades pode sobreviver como uma verdade viva e não um "dogma morto".[9]

---

[7] J. S. Mill, *A Liberdade*, cap. I, p. 17. (N. T.)

[8] Idem, ibidem, cap. I, p. 22. (N. T.)

[9] Idem, ibidem, cap. III, p. 55 e 81. (N. T.)

A liberdade de ação – "individualidade", como é chamada em *A Liberdade* – é somente um grau menos absoluto que o da liberdade de pensamento e de expressão, pois está sujeita a qualificação de "dano a outrem". Independente disso, é inviolável, porque a individualidade é um bem absoluto em si mesmo. Mais uma vez, a retórica é reveladora, a individualidade é associada com palavras tão positivas quanto "independência", "originalidade", "espontaneidade", "talento", "variedade", "diversidade", "experimento", "escolha", "vigor", "desenvolvimento", "desejo", "sentimento"; e a ameaça à individualidade, tratada com palavras tão negativas quanto "conformidade", "mediocridade", "limitação", o "jugo" da opinião, a "tirania" da sociedade, o "despotismo" do costume. Algumas palavras que no uso normal são, no mínimo, ambíguas – "impulso", "peculiaridade", "excentricidade" – têm conotações completamente favoráveis como atributos da individualidade; ao passo que outras – "lei", "tradição", "costume", "opinião", "disciplina", "obediência" – são inequivocamente negativas, pois parecem restringir a individualidade.[10]

---

[10] Um termo negativo óbvio, "licença" [licenciosidade ou libertinagem] não aparece em nenhum lugar do livro, talvez porque sugira que possa existir um excesso de liberdade. Alguns comentadores supõem que Mill pretendia distinguir liberdade e licenciosidade [ver, por exemplo, Dworkin, op. cit., p. 404-405] todavia, se tencionava fazê-lo, é difícil compreender por que não o fez explicitamente. "Licença" [licenciosidade ou libertinagem] era uma palavra comum em sua época, como fora por séculos. John Milton joga com essa palavra: "Antes, porém, que me condenem por excessiva licença, quando me oponho à exigência de uma licença (...)" (John Milton, *Areopagítica: Discurso pela Liberdade de Imprensa ao Parlamento da Inglaterra*, trad. e notas Raul de Sá Barbosa, Rio de Janeiro, Topbooks, 1999, p. 63); Locke descreve o estado de natureza: "Mas, embora seja esse um estado de liberdade, não é um estado de licenciosidade" (John Locke, *Dois Tratados sobre o Governo*, trad. Julio Fischer, São Paulo, Martins Fontes, 1998, Livro II, cap. II, parágrafo 6, p. 384); e Montesquieu diz que quando o povo leva o "espírito de igualdade ao extremo (...), não pode mais haver liberdade na república (...); todos passarão a apreciar essa libertinagem" (Montesquieu, *O Espírito das Leis*, trad. Fernando Henrique Cardoso e Leôncio Martins Rodrigues, São Paulo, Abril, 1973. (Coleção *Os Pensadores*, vol. XXI, Livro VIII, cap. II, p. 121) (N. T.)

Assim como a liberdade de discussão é considerada boa em si mesma, mesmo que resulte na liberdade de errar, da mesma maneira a individualidade é um bem em si mesmo, mesmo quando o "plano de vida" ou as "experiências de vida" individuais não são notadamente bons, ou até possam ser maus. Em épocas passadas, explica Mill, não era vantajoso que os indivíduos agissem de maneira diferente da multidão, "salvo se, além de diferentemente, agissem melhor".[11] Hoje em dia, no entanto, o "mero exemplo de não conformidade" ou "excentricidade" é por si mesmo uma virtude. E é uma virtude não somente para as "pessoas de gênio", mas para o "homem mediano", que deve ser estimulado a desafiar o costume e cultivar seu modo de vida individual, "não porque seja em si mesmo o melhor [modo de dispor da existência], mas porque é o seu modo próprio".[12]

* * *

Eis o mais simples esboço do extraordinário ensaio de Mill; todavia, não basta que eu sugira quão excepcional é tal ensaio. Nenhuma discussão de *A Liberdade* está completa sem um tributo ao seu nobre precursor, o discurso *Areopagítica*, de John Milton. Mill, contudo, não menciona essa obra no ensaio, talvez pelo justo motivo de a ideia de liberdade de Milton não ser, de modo algum, a sua. Milton defende apaixonadamente a liberdade de imprensa; seu panfleto foi motivado pela aprovação de uma lei no Parlamento que

---

[11] J. S. Mill, *A Liberdade*, op. cit., cap. III, p. 102. (N. T.)

[12] Idem, ibidem, cap. III, p. 103. (N. T.) Isso desmente a teoria de alguns comentadores de que Mill era um "elitista", pretendendo que seu princípio só se aplicasse àqueles indivíduos superiores que poderiam fazer melhor uso. Joseph Hamburger, por exemplo, sustenta que *A Liberdade* pretendia mostrar como aquelas pessoas com "individualidade desejável" poderiam prevalecer sobre aqueles de "individualidade miserável", contribuindo, assim, para a "reconstrução do intelecto humano" (ver: *How Liberal Was John Stuart Mill?*, Austin, University of Texas, 1991, p. 15). Essa interpretação só pode ser defendida, no entanto, pelas citações do "outro Mill", como o denominei; todas as citações de Hamburger são de *Utilitarismo* e do diário privado de Mill.

requeria o licenciamento de obras impressas. Sua argumentação, no entanto, não se estendia à liberdade de ação. Mesmo que a liberdade de imprensa estivesse restrita a um grau que Mill acharia intolerável, pois não aturava "o papismo e a superstição manifesta"[13] nem aquele que é "ímpio ou absolutamente perverso, seja contra a fé ou contra os costumes".[14]

Mill também não cita como predecessores nenhum dos outros pensadores que poderíamos esperar que fossem aparecer em uma defesa da liberdade: Espinosa, Locke, Montesquieu, Kant, Paine, Jefferson, Macaulay, Tocqueville – novamente, por um bom motivo.[15] Nenhum deles foi tão longe a ponto de propor algo como um princípio absoluto ou quase absoluto da liberdade. Cada liberdade limitada ou qualificada é um aspecto importante: a liberdade de expressão "sem fraudes, cólera, ódio nem intenção de introduzir pela autoridade de seu decreto outro ânimo na República" (Espinosa);[16] liberdade, mas somente dentro da lei e sem "doutrinas incompatíveis com a sociedade humana e contrárias aos bons costumes que são necessários para a preservação da sociedade civil" (Locke);[17] liberdade,

---

[13] John Milton, *Areopagítica*, p. 177. (N. T.)

[14] Idem, ibidem, p. 179. (N. T.)

[15] Locke, Kant e Tocqueville são mencionados de passagem, mas não em relação à liberdade. A omissão de Tocqueville é mais patente, já que Mill claramente lhe devia a ideia de "tirania social" e de "tirania da maioria". (A citação a respeito dessa última expressão em *A Liberdade* é uma homenagem implícita a Tocqueville. Ver: J. S. Mill, *A Liberdade*, op. cit., p. 10.) [A influência de Tocqueville em Mill é inquestionável. Mill escrevera ensaios longos nos dois volumes da obra de Tocqueville, *A Democracia na América*, em 1835 e 1840. O segundo desses ensaios foi reimpresso na obra *Dissertations and Discussions*, de Mill, em 1859, no mesmo ano em que lançou *A Liberdade*.]

[16] Baruch Espinosa, *Tratactus Theologico-politicus*. Ver: *Opera*, Im Augrag der Heidelberger Akademie der Wissenschaften heraugegeben von Carl Gebhardt, Heidelberg, C. Winter, 1925, 2: Auflage 1972, vol. 3, cap. XX, p. 241. (N. T.)

[17] John Locke, "Carta Acerca da Tolerância", trad. Anoar Aiex, São Paulo, Abril, 1973, parte II, p. 28. (Coleção *Os Pensadores*, vol. XVIII) (N. T.)

mas não "ilimitada" e que consiste senão em "poder fazer o que se deve querer e não ser constrangido a fazer o que não deve desejar" (Montesquieu);[18] a liberdade de expressão, mas não de ação ("raciocinai tanto quanto quiserdes e sobre o que quiserdes, mas obedecei!", como em Kant);[19] a liberdade do indivíduo contra o governo, mas não contra a "opinião pública" ou "sociedade" (Jefferson e Paine);[20] a liberdade de agir segundo o arbítrio, mas sob condições de "ordem e moderação" (Macaulay);[21] liberdade, mas não a capacidade de estabelecer "o reino da liberdade sem o dos costumes, nem fundar os costumes sem possuir as crenças" (Tocqueville).[22]

É na obra *A Liberdade*, contudo, desafiando todos os precedentes, que são estabelecidos os termos do debate de nossa época – para os que não leram o ensaio, para os que dele não ouviram falar, mas absorveram a mensagem por osmose cultural. Na *Autobiografia*, Mill a descreve como "livro de texto filosófico em que é exposta uma única verdade"[23] e confere à obra uma origem digna de tal façanha. Dera eco a Edward Gibbon, talvez, inconscientemente, que recebeu a inspiração de escrever sua obra clássica no mais clássico dos cenários, ao meditar, sentado, "entre as ruínas do Capitólio enquanto frades

---

[18] Montesquieu, *O Espírito das Leis*, op. cit., Livro XI, cap. III, p. 156. (N. T.)

[19] Immanuel Kant, "Resposta à Pergunta: que É o Iluminismo?", *A Paz Perpétua e Outros Opúsculos*, trad. Artur Morão, Lisboa, Edições 70, 1995, p. 13. (N. T.)

[20] Ver: *Writtings of Thomas Jefferson*, ed. H. A. Washington, New York, 1861, II, p. 99-100; Thomas Paine, *O Senso Comum e a Crise*, trad. Vera Lúcia de Oliveira Sarmento, Brasília, Editora Universidade de Brasília, 1982, p. 11. (Coleção Pensamento Político, 45); e *Os Direitos do Homem*, trad. Jaime A. Clasen, Petrópolis, Vozes, 1989. (N. T.)

[21] "Conversation Between Mr. Cowley and Mr. Milton", *The Works of Lord Macaulay*, London, 1875, VII, p. 658.

[22] Alexis de Tocqueville, *Democracia na América*, Livro I, Introdução, p. 18. (N. T.)

[23] John Stuart Mill, *Autobiografia*, trad. e notas Alexandre Braga Massella, São Paulo, Iluminuras, 2006, p. 210. (N. T.)

descalços cantavam as Vésperas no templo de Júpiter",[24] de modo que Mill teve a ideia de *A Liberdade* "enquanto subia as escadas do Capitólio".[25] Esse, disse à mulher, era o assunto mais importante a ocupar os poucos anos que lhes restavam, e deveriam "abarrotá-lo, o mais possível, daquilo que não queremos que fique por dizer". Deveria ser o legado deles para a humanidade, e Mill estava confiante de que o livro "será lido e provocará grande impressão".[26] Sua previsão foi confirmada. Quando o livro foi publicado quatro anos mais tarde, após a morte de sua mulher e dedicado à sua memória, tornou-se, instantaneamente, um clássico. Com a vantagem do olhar retrospectivo, também podemos dizer que o livro provou ser mais influente do que o autor esperava.

* * *

"Ideias", Lorde Acton escreveu certa vez, "têm radiação e evolução, linhagem e posteridade próprias, em que homens cumprem mais os papéis de padrinhos e madrinhas, do que os de pais e mães".[27] Esse é o fado de *A Liberdade*. Como todos os clássicos, ganhou vida própria, quando ainda guardava os traços inconfundíveis de sua paternidade. *A Liberdade* foi suficientemente radical na própria época, mas é, em certo sentido, ainda mais radical na nossa, porque parece validar as ideias contemporâneas acerca da liberdade, que vão muito além do que tencionava Mill.

Um dos argumentos de Mill, por exemplo, para a absoluta liberdade de discussão é que tal liberdade é necessária pelo bem da

---

[24] Edward Gibbon, *Autobiography*, ed. Lord Sheffield, World's Classics Editions, London, 1950, p. 160.

[25] John Stuart Mill, *Autobiografia*, p. 202. (N. T.)

[26] *The Late Letters of John Stuart Mill: 1849-1873*, eds. Francis E. Mineka e Dwight N. Lindley, em *Collected Works*, vol. XIV, Toronto, 1972, p. 294.

[27] *Letters of Lord Acton to Mary Gladstone*, ed. Herbert Paul, New York, 1905, p. 99.

verdade, para que esta emirja e mantenha a vitalidade. Com relação à própria verdade – se há tal coisa como a verdade, se, por fim, é cognoscível e de valor fundamental para a humanidade – Mill não tinha dúvida. Ele não era, nesse aspecto, um relativista. Sua doutrina, no entanto, presta-se ao relativismo, até mesmo ao relativismo de um tipo extremo. Ao tornar a verdade tão sujeita à liberdade – e conexa tanto à liberdade de erro quanto à de verdade –, dá a entender que, na livre competição de ideias, todas as opiniões, verdadeiras e falsas, são iguais, igualmente suscetíveis de avaliação pela sociedade e igualmente dignas de promulgação. O próprio Mill só pretendia dizer que a sociedade não pode atrever-se a decidir entre a verdade e a falsidade, ou mesmo dar apoio à verdade, uma vez que esta tenha sido determinada. Uma geração posterior, todavia, destituída da autoridade da sociedade e convencida da largueza dada ao erro, tanto pode relativizar e "problematizar" a verdade como pode manter-se cética quanto à própria ideia de verdade.

Assim, os pós-modernos negam não só a verdade absoluta, mas as verdades contingente, parcial e incremental. Para eles, a liberdade absoluta não é, como era para Mill, a precondição da verdade; melhor, é a precondição para o libertar-se da própria verdade, até mesmo do "desejo de verdade". No jargão dessa escola, a verdade é "totalizante", "hegemônica", "logocêntrica", "falocêntrica", "autocrática", "tirânica". Mill, certamente, teria se afligido com essa evolução, mas o seu princípio de liberdade absoluta, que "privilegia" o erro juntamente com a verdade, não pode ser totalmente absolvido dessa responsabilidade.

* * *

Assim como a verdade tem sido relativizada – absolutamente relativizada, por assim dizer –, o mesmo tem ocorrido com a moralidade. Mais uma vez, o próprio Mill não era um relativista nas questões morais. Acreditava, com fervor, que a castidade era inerentemente superior à promiscuidade, a sobriedade à embriaguez, a decência à indecência, o altruísmo ao autointeresse. Também acreditava, resolutamente, que, assim como a verdade tem necessidade da absoluta liberdade de discussão, da mesma maneira a moralidade precisa de um máximo de individualidade. A sociedade (menos ainda o governo), portanto, não deve tentar promover a verdade ou suprimir o erro; assim, não existem sanções legais ou sociais para promover a moralidade e desencorajar a imoralidade.

Nem sempre *A Liberdade* é uma obra apreciada, visto que vai longe ao negar qualquer tipo de controle sobre o individual, não somente à lei, mas aos mecanismos informais da sociedade com relação ao comportamento propriamente tido como imoral, desde que não cause danos a outrem. As sanções sociais e morais, insiste Mill, são tanto invasões à liberdade quanto são as legais ou físicas. Desde que não causem danos às outras pessoas, os indivíduos devem ser livres para agir como lhes aprouver, "sem impedimentos físicos ou morais".[28] Os atos estão sujeitos à "condenação moral" somente quando houver violação que falte ao dever para com os demais, mas não se existir mero indício de "um grau de loucura, ou falta de dignidade e respeito por si".[29] As sanções sociais são chamadas à cena quando os atos individuais são danosos aos outros, mas não violam legalmente os "direitos constituídos" de outrem; nesse caso o ofensor deve ser "punido pela opinião, embora não pela lei".[30] Quando a conduta da pessoa, no entanto, afetar somente o próprio indivíduo, ele tem "perfeita liberdade, legal e social"[31] para fazer o que quiser.

Até a qualificação segundo o dano reforça a neutralidade moral da sociedade, pois só se aplica no caso de dano a outrem, e não para

---

[28] J. S. Mill. *A Liberdade*, cap. III, p. 85. (N. T.)
[29] Idem, ibidem, cap. IV, p. 121 (N. T.)
[30] Idem, ibidem, cap. IV, p. 116. (N. T.)
[31] Idem, ibidem, cap. IV, p. 116. (N. T.)

o "bem" de outrem, que a sociedade pode devidamente interferir na liberdade do indivíduo. E o próprio dano é qualificado mais adiante por se limitar a ser um dano "direto", "definido", "perceptível" – não como o dano indireto que pode advir, por exemplo, da conduta imprópria, da tentação ou do vício, "que não afeta os interesses dos outros se necessariamente não o querem".[32]

* * *

O hino triunfal de Mill à individualidade reflete um extraordinário otimismo com relação à natureza humana.

> Afirmar que os desejos e sentimentos de uma pessoa são mais fortes e mais variados do que os de outra simplesmente equivale a dizer que a dose de matéria-prima humana é mais forte naquela e, por conseguinte, é capaz de fazer talvez mais mal, mas certamente também mais bem. Impulsos fortes são apenas um outro nome para energia. A energia pode se voltar para maus usos; mas uma natureza enérgica sempre faz mais bem do que uma natureza indolente e impassível. Os que possuem o sentimento mais natural sempre são aqueles cujos sentimentos cultivados podem se tornar os mais fortes. As mesmas suscetibilidades fortes, as quais tornam vívidos e poderosos os impulsos pessoais, são também a fonte de onde se originam o mais ardente amor à virtude e o mais inflexível autocontrole. [...] O perigo que ameaça a natureza humana não reside no excesso, mas na falta dos impulsos e preferências pessoais.[33]

O argumento repousa na transformação da quantidade em qualidade: o pressuposto de que quanto maior o estoque de "energia" ou de "matéria-prima humana", maior a potencialidade para o bem; de que aqueles que possuem "o sentimento mais natural" também têm os "sentimentos cultivados"; de que as "suscetibilidades fortes" se dirigem ao "mais ardente amor à virtude"; de que o perigo não

---

[32] Idem, ibidem, cap. IV, p. 116. (N. T.)
[33] Idem, ibidem, cap. III, p. 92-93. (N. T.)

vem do excesso, mas de uma deficiência nos "impulsos e preferências pessoais". Isso, assim como o princípio da liberdade, é a grande novidade do argumento de Mill. Grande parte dos filósofos e teólogos antes dele (e não somente os calvinistas, como sugere) eram cautelosos com a matéria-prima humana, ao encontrar nela a potencialidade tanto para o bem quanto para o mal, e, por isso, buscavam maneiras de aprimorá-la e controlá-la. Situavam a fonte da virtude não nas paixões, nos desejos, nos impulsos ou nas suscetibilidades individuais, mas na consciência, na vontade, na razão, na prudência e na moderação. Como precaução adicional, situavam o indivíduo dentro da custódia protetora, por assim dizer, da família, da lei, da religião, da sociedade e da civilização.

Que a obra *A Liberdade* tenha uma visão tão otimista da natureza humana é muito mais memorável à luz de outros escritos daquela mesma época. No ensaio "Natureza", escrito apenas uns meses antes do início de *A Liberdade*, Mill afirmava que os "impulsos" espontâneos, as "inclinações" e os "instintos" do homem tendem mais a serem maus do que bons, e que podem ser "domados" somente por uma "disciplina eminentemente artificial". Como se numa refutação direta de *A Liberdade*, a virtude é descrita não como natural, mas como antinatural:

> A aquisição da virtude tem sido, em todas as épocas, considerada obra laboriosa e difícil, ao passo que o *descensus Averni*, ao contrário, é de proverbial facilidade; e ela certamente requer, da pluralidade das pessoas, a maior subjugação de um grande número de inclinações naturais para que se tornem mais eminentemente virtuosas que transcendentalmente viciosas.[34]

"Transcendentalmente viciosas" – as palavras foram tragicamente proféticas. Testemunhamos, ao longo de nossas vidas, um *descensus*

---

[34] John Stuart Mill, *Essays on Ethics, Religion and Society*, ed. J. M. Robson, em *Collected Works*, Toronto, 1969, vol. X, p. 392-401.

Averni que o Mill de *A Liberdade* nunca imaginou e até mesmo o "outro Mill", como o chamei noutro lugar, o autor de *Nature* e de muitos outros escritos em desacordo com *A Liberdade*, não poderiam ter previsto. Nenhum dos dois anteviu como os indivíduos poderiam ser "transcendentalmente viciosos", como seriam demasiado enérgicos e ativos ao explorar as mais baixas depravações da natureza humana. Não poderiam ter antevisto isso porque os dois Mills viveram em um mundo de muitas "certezas". Antes de mais nada, o que tinham por certo era uma civilização que continuaria a obrigar aos indivíduos a uma "disciplina eminentemente artificial", o corretivo moral para a natureza humana. Também partiam do princípio de que aquelas virtudes que já haviam sido adquiridas, pela religião, pela tradição, pela lei e por todos os demais recursos civilizatórios, continuariam a ser estimadas e exercidas.

* * *

Nietzsche, que nada dava por certo, muito menos as virtudes do autocontrole, da moderação e da autodisciplina, desprezava esses moralistas ingleses – aquele "espírito chão",[35] como chamava Mill, e George Eliot, aquela "senhorinha moral", que acreditava poder secularizar a moralidade ao desembaraçá-la do deus cristão.[36] Sob a "ideia flácida e covarde do 'homem'" repousa sempre o "culto da moral cristã".[37] O que esses "fanáticos morais" não percebem é como a moralidade deles está condicionada na religião que professam descartar. E é somente pela persistência dessa religião que, para os ingleses, "a moral não é mais problema algum".[38]

---

[35] Friedrich W. Nietzsche, *Vontade de Potência*, Livro II, II, b, n. 156, letra e. (N. T.)

[36] Idem, *O Crepúsculo dos Ídolos*, "Incursões de um Extemporâneo", n. 5. (N. T.)

[37] Idem, *Vontade de Potência*, Livro II, II, b, n. 158. (N. T.)

[38] Idem, *O Crepúsculo dos Ídolos*, "Incursões de um Extemporâneo", n. 5. (N. T.)

O resultado das observações de Nietzsche era agourento. Quando os ingleses tivessem utilizado o capital religioso que era a fonte da moralidade, quando estivesse completo o divórcio entre religião e moral, esta se tornaria, de fato, um "problema". Aqui, também, *A Liberdade* é um presságio daquilo que está por vir, pois prepara o caminho para tal divórcio ao colocar o indivíduo em um relacionamento contraditório com a religião, ao menos na função pública. Como questão de crença e prática privadas, a religião e a moralidade derivada da religião estão totalmente protegidas pelo princípio da liberdade. Tão logo sejam impingidas ao indivíduo a partir do exterior, em forma de sanções legais e pressões sociais, põem em risco a liberdade e contribuem para o mal da "tirania social".

Mill reconhece que as crenças religiosas e morais, outrora fonte de perseguições sangrentas, agora produzem somente "restos e fragmentos da perseguição".[39] Desde que tais crenças estejam amparadas tanto por sanções legais ou sociais, há a possibilidade real do restabelecimento da perseguição – e se não por verdadeiras perseguições, por penalidades econômicas que são igualmente ruins, pois "os homens podem ou ser presos ou excluídos dos meios de ganhar seu pão".[40] Esse é um perigo, contanto que as pessoas tenham opiniões e pontos de vista imperiosos a respeito das crenças dos outros. E porque tais opiniões e pontos de vista ainda são tolerados nas "classes médias deste país",[41] a Inglaterra é um lugar "onde não existe liberdade mental".[42]

A desconfiança quanto a fortes opiniões e sentimentos no que diz respeito a religião e moralidade, a suspeita de que irão promover a intolerância, o fanatismo e até perseguição, parece inconsistente com a celebração da individualidade que permeia *A Liberdade*. Se

---

[39] J. S. Mill, *A Liberdade*, cap. II, p. 49. (N. T.)
[40] Idem, ibidem, cap. II, p. 50. (N. T.)
[41] Idem, ibidem, cap. II, p. 49. (N. T.)
[42] Idem, ibidem, cap. II, p. 50. (N. T.)

a individualidade é digna de louvor porque promove opiniões firmes, pontos de vista, desejos, impulsos, preferências e suscetibilidades, deve também promover opiniões, pontos de vista e crenças firmes acerca da religião e da moral. Mill não pode ter querido sugerir que a individualidade só é boa desde que evite as questões de religião e moral. Na verdade, Mill não tem, claramente, objeções a respeito de pontos de vista, opiniões e crenças firmemente estabelecidas dirigidas contra as visões religiosas e morais convencionais. Na verdade, é uma das intenções da individualidade, insiste, permitir e até encorajar a expressão da heterodoxia e da não conformidade a desafiar dogmas religiosos e provocar as convenções morais.

Essa aparente inconsistência reflete uma animosidade mal disfarçada de *A Liberdade* contra a religião, contra a moralidade sancionada pela religião e contra um povo que ainda respeita a religião ortodoxa.

> Aquilo de que se ufana o tempo presente como o renascimento da religião é sempre, nos espíritos acanhados e incultos, pelo menos igual ao renascimento do fanatismo; e enquanto houver o forte e permanente fermento da intolerância nos sentimentos de um povo, que em todas as épocas subsistiu nas classes médias deste país, pouco é necessário para provocá-lo a perseguir ativamente a quem nunca deixou de considerar objetos próprios de perseguição.[43]

O ânimo foi ainda mais marcante porque longe de haver um "renascimento do fanatismo", para não dizer da perseguição, na Inglaterra daquela época houve uma expansão significativa da tolerância, evidente pela eliminação das solenes declarações religiosas para os cargos públicos, candidaturas ao Parlamento e admissão nas universidades.[44] E longe de jactar-se de um "renascimento da religião", o que mais

---

[43] Idem, ibidem, cap. II, p. 49. (N. T.)

[44] Uma longa nota de rodapé sobre a Revolta dos Sipais [série de levantes armados contra a ocupação britânica na Índia de 1857 a 1858 (N. T.)] condena a resposta do público como algo que exibe as "paixões de um perseguidor" e "as piores qualidades de nosso caráter nacional". Como prova, Mill cita "os delírios

se ouvia eram reclamações, até mesmo o alardeamento do declínio da religião. O censo de 1851 provou aquilo que muito já suspeitavam, de que havia um decréscimo significativo entre os frequentadores de igreja, tanto das classes trabalhadoras como das classes médias. Também havia um manifesto enfraquecimento das convicções religiosas e um crescente senso de dúvida e descrença – até mesmo antes da obra *A Origem das Espécies*, de Charles Darwin (publicada pouco depois de *A Liberdade*), que transformou a "crise de fé" no principal assunto das conversas. Ninguém suspeitaria, a partir do ensaio de Mill, que a religião estava, desde então, na defensiva, de que havia um próspero movimento secularista e antirreligioso, e que as instituições, doutrinas e práticas religiosas ostentavam toda a variedade e excentricidade que Mill tanto valorizava em outros aspectos da vida social e intelectual.

* * *

Implícita na discussão de Mill sobre religião está uma ideia central para o seu conceito de liberalismo, bem como para o nosso: a distinção entre público e privado. As crenças e atividades religiosas são respeitadas e protegidas por esse princípio de liberdade desde que sejam cultivadas e praticadas de maneira privada, todavia tornam-se ameaças à liberdade tão logo entrem no domínio público.

---

dos fanáticos ou dos charlatães provenientes do púlpito" à proposta de alguns evangélicos de que escolas custeadas com recursos públicos na Índia devessem ser obrigadas a ensinar a Bíblia e que os empregos públicos fossem dados senão aos cristãos e cita um discurso proferido por um subsecretário de Estado que sugeriu que a tolerância ficasse limitada às seitas cristãs. "Quem, após essa manifestação imbecil", conclui Mill, "pode abandonar-se à ilusão de que a perseguição religiosa acabou para nunca mais voltar?" [J. S. Mill, *A Liberdade*, cap. II, p. 49-50. (N. T.)] O que Mill deixa de dizer é que esses eram pontos de vista atípicos e impopulares. De fato, o público e o Parlamento foram tão incitados pelas notícias do tratamento brutal aos rebeldes – que, por sua vez, também tinham cometido atrocidades aos soldados ingleses – que aprovaram leis abolindo a Companhia Britânica das Índias Orientais, proibindo a expropriação de terras, admitindo hindus no funcionalismo público e decretando a tolerância religiosa na Índia – isso ao mesmo tempo que Mill previa o retorno da "perseguição religiosa".

A distinção entre público e privado – entre o "respeito a si" e o "respeito a outrem", como expõe Mill – é limitativa ao próprio princípio da liberdade: estabelece "os limites à autoridade da sociedade sobre o indivíduo".[45] A máxima fundamental é bastante simples: "Não se pode intervir na má conduta puramente pessoal" – e, além disso, não se pode sofrer intervenção "para preveni-la ou para puni-la".[46] A embriaguez, por exemplo, pode ser tolhida ou punida somente se o bêbado tiver uma história de violência ou se realmente causar dano a outrem. Mill introduz a objeção de que nenhum ato diz respeito totalmente a própria pessoa, mas faz um valoroso esforço para manter a distinção entre atos referentes "a si próprio" e "aos outros" tanto quanto possível. Num determinado ponto chega mesmo a aplicar a definição à questão dos costumes: "Há muitos atos que, sendo diretamente prejudiciais apenas aos próprios agentes, não deveriam ser legalmente interditados, mas que, se praticados publicamente constituem violação dos costumes e, entrando então na categoria de crimes contra terceiros, podem com justiça ser proibidos".[47] Não explica por que a "violação dos costumes", mesmo em público, enquadra-se na categoria de "crimes contra terceiros" e, portanto, ilegais e puníveis; nem se tal violação requer provas diretas e perceptíveis do dano a terceiros para justificar qualquer proibição social, para não dizer legal; nem por que a embriaguez, que em público certamente é uma violação das boas maneiras, não pode sofrer intervenção a menos que constitua dano a outrem. Nem Mill esclarece esses tópicos quando explica que os "crimes contra terceiros" incluem os "crimes contra o decoro", e então põe fim, subitamente, à discussão ao dizer que "não é necessário nos determos" em tais ofensas porque "têm apenas relação indireta" com o assunto.[48]

---

[45] J. S. Mill, A Liberdade, cap. IV, p. 115 (N. T.) e consta no próprio título do capítulo IV.

[46] Idem, ibidem, cap. V, p. 148. (N. T.)

[47] Idem, ibidem, cap. V, p. 149. (N. T.)

[48] Idem, ibidem, cap. V, p. 149. (N. T.)

A linha divisória entre o público e o privado que Mill encontra dificuldade em estabelecer em teoria é, nesse momento, impossível de confirmar na prática. A ideia da "violação dos costumes" constituir um "crime contra terceiros" ou um "crime contra o decoro" é, por si, obsoleta. Quem dirá, pergunta-se hoje em dia, o que é cortês ou descortês, decente ou indecente, ofensivo ou inofensivo? E qual é a justificativa, na ausência de dano positivo, de punir um comportamento ofensivo por sanções legais ou sociais? O próprio Mill, ao discutir a conduta que poderia ser considerada pessoalmente "condenável", mas não legalmente punível por conta de produzir efeitos somente para o agente, segue afirmando: "Tudo o que se permitir fazer deve-se aconselhar a fazer"[49] – obscurecendo ainda mais, dessa maneira, a distinção entre os atos de "respeito a si" e os de "respeito a outrem". Nos Estados Unidos, hoje, esse dito foi reformado, e diz: Tudo o que é permitido fazer deve ser permitido não só para aconselhar que outros façam, mas que façam em público e, além disso, que sejam pagos pelo público para aconselhar a fazer dessa maneira. (Esse último argumento é usado para justificar as doações para o National Endowment for the Arts para encenação de espetáculos que Mill, certamente, teria condenado como indecentes e ofensivos, para não dizer algo mais grosseiro.)

* * *

Se uma coisa é legal, também não seria moral? Essa é outra distinção que cremos ser difícil defender. Logicamente, é claro, é simples distinguir legalidade de moralidade. Nas questões públicas, todavia, essa distinção se torna tão tênue quanto a existente entre o público e o privado. Se a lei considera algo como legal, quem dirá que é imoral, a não ser o indivíduo que é livre para falar e agir por si, e somente por si mesmo? Numa cultura que aprendeu muito bem a lição de *A Liberdade*, que se ressente da "tirania" da sociedade,

---

[49] Idem, ibidem, cap. V, p. 150. (N. T.)

do costume e da opinião pública; que desconfia profundamente de qualquer sugestão de autoridade, vista como um "polícia moral"; que erigiu as mais altas barreiras entre Igreja e Estado de modo a evitar qualquer indicação de intolerância ou coerção – o que resta para dar confiança e conferir autoridade a um código moral distinto, e talvez contraditório, ao código legal? É necessário um grande esforço de vontade e inteligência para o indivíduo decidir por si mesmo que algo é imoral, e para agir segundo essa crença, quando a lei e as instituições do Estado consideram a coisa permissível e até legal. É preciso um esforço ainda maior dos pais para inculcar tal crença nos filhos, e persuadi-los a agir com base nisso, quando as escolas públicas e as autoridades do governo contradizem tal crença e autorizam o comportamento que a viola.

Não é possível legislar a moral, muitas vezes dizemos – e Mill teria concordado. Na verdade, foi justamente o que fizemos, e os *liberals*[50] são os que mais se orgulham disso. Um conjunto considerável de leis sobre direitos civis nos Estados Unidos, proibindo a segregação racial, sexual, e outras formas de discriminação, é totalmente moral em intenção e resultado. Está inspirada por princípios morais, prescreve e proscreve formas específicas de comportamento moral e mudou, num patamar considerável, as crenças morais, posturas e práticas do público. Se, no entanto, a moralidade pode ser legislada, a imoralidade poderá, igualmente. Se os liberais podem obter satisfação com a legislação de direitos civis, os conservadores podem ser afligidos por leis que sejam coniventes com a promiscuidade sexual, que gradativamente arruínem os "valores familiares" e sancionem "estilos de vida alternativos" que consideram imorais.

---

[50] Conforme mencionamos na primeira nota, o termo "*liberal*" aqui é empregado tal como utilizado no vocabulário político norte-americano, e não deve ser confundido com a tradição liberal clássica, pois define uma visão política mais próxima de uma esquerda moderada ou "progressista". Para evitar erros de interpretação e confusão conceitual dos leitores, decidimos manter o termo em inglês e grafado em itálico ao longo do texto. (N. T.)

A legislação, de fato, tanto para os conservadores como para os liberais, é o último recurso. E a legislação repousa, primeiramente, como nos recorda Maquiavel, na moral. "Os bons costumes só podem ser conservados com o apoio de boas leis, e a observação das leis exige bons costumes"[51] ("costumes", nesse contexto, significam "moralidade").[52] Um corolário desse princípio defende que caso as leis não devam ser demasiado invasivas, então a sociedade deve assumir alguma responsabilidade em formar a moralidade pública. Assim como as sanções legais previnem (em grande medida, apesar de não totalmente) o uso da força, da mesma maneira as sanções sociais previnem (novamente, muito, mas não totalmente) o uso das sanções legais.

Mill, no entanto, e a maioria dos liberais posteriores puseram em dúvida qualquer relacionamento entre moralidade e legalidade. Não acreditam que a lei deva estar fundada ou mesmo deva ser congruente com a moral. Nem mesmo creem ser apropriado para a moral, expressa em sanções sociais, tomar o lugar da lei, fazer o que poderia ser imprudente ou pouco razoável para a lei tentar obter. Em vez disso, condenam as sanções sociais juntamente com as legais, estigmatizando ambas como os instrumentos da "tirania social". Ao fazê-lo, inconscientemente atraem uma tirania pior, pois a legislação deverá, então, ser convocada a fazer o que a sociedade teria feito de modo menos importuno e mais benigno.

* * *

---

[51] Niccolò Machiavelli, *Comentários sobre a Primeira Década de Tito Lívio*, trad. Sérgio Bath, Brasília, Editora Universidade de Brasília, 1994, Livro I, cap. XVIII, p. 75. (N. T.)

[52] Thomas Hobbes, da mesma maneira, identifica "costumes" com "moralidade": "Não entendo aqui por *costumes* a decência na conduta, por exemplo, a maneira como um homem deve saudar a outro, ou como deve lavar a boca ou limpar os dentes diante dos outros, e outros aspectos da *pequena moral*. Entendo aquelas qualidades humanas que dizem respeito a uma vida em comum pacífica e harmoniosa. (Thomas Hobbes, *Leviatã*, trad. João Paulo Monteiro e Maria Beatriz Nizza da Silva, São Paulo, Abril, 1974, cap. XI, p. 64. (Coleção *Os Pensadores*, vol. XIV) (N. T.)

Um dos paradoxos do liberalismo contemporâneo[53] é ter se tornado cada vez mais libertário nas questões morais e, ao mesmo tempo, cada vez mais dirigista nas questões econômicas. Na esfera moral, o indivíduo está muito perto de ser "soberano" ou, como diríamos agora, "autônomo", como Mill teria desejado. Na esfera econômica, no entanto, o Estado exerce um grau de controle no mínimo igual ao grau de "tirania social" que Mill tanto temia.

É comum a observação a respeito da grande diferença entre o liberalismo *laissez-faire* do século XIX e o liberalismo do bem-estar social do século XX. A diferença pode ser exagerada: o sistema de *laissez-faire* nunca foi tão rigoroso ou sistemático quanto se pensava; e o estado de bem-estar social, com a morte do comunismo e o descrédito do socialismo, agora, está na defensiva, para não dizer em retirada, mas, com todas as devidas qualificações, a distinção entre os dois modos de liberalismo é verdadeira e significativa. Igualmente verdadeira e significativa é a separação dentro do liberalismo contemporâneo das esferas da moral e da economia.

Aqui, também, o embrião do problema pode ser visto em *A Liberdade*, embora Mill tenha feito um esforço resoluto, ainda que não totalmente convincente, de minimizá-lo. "O comércio é um ofício social", declarou, portanto, em princípio, se insere na "jurisdição da sociedade".[54] As restrições ao comércio são "más" à medida que são limitações, mas serão "errôneas" somente se não produzirem o resultado desejado. Assim, o governo, crê Mill, pode intervir apropriadamente para evitar a adulteração de produtos ou assegurar a saúde e a segurança dos trabalhadores em indústrias perigosas. Outras restrições, tais como leis contra as bebidas alcoólicas e limitações na venda de venenos, são uma violação à liberdade porque infringem a liberdade do comprador e não a do produtor.

---

[53] Vale ressaltar que a autora faz referência ao liberalismo no *sentido norte-americano*, conforme explicado na nota 50 deste capítulo. (N. T.)

[54] J. S. Mill, *A Liberdade,* cap. V, p. 144. (N. T.)

As dificuldades lógicas aqui são óbvias. Por que é uma violação do princípio da liberdade restringir o comprador mas não o produtor? Por que a venda de alimento adulterado deve ser proibida e não a venda de veneno? Se os venenos requerem tão somente uma rotulagem apropriada e um registro de venda, mas não uma prescrição médica, por que essas condições não seriam suficientes para produtos adulterados? Quaisquer que sejam as inconsistências na argumentação de Mill, contudo, seu propósito é claro: limitar o papel do governo, tanto em razão da conveniência como da liberdade. As diretrizes para tais limitações são igualmente claras. O governo não deve intervir, pois "a coisa a se fazer será provavelmente mais bem feita pelos indivíduos do que pelo governo"; quando indivíduos não podem fazê-la tão bem "é preferível que isso [determinada coisa] seja feito por eles, não pelo governo, como método de educação mental";[55] e quando a intervenção governamental contribuir para "o grande mal (...) [de] aumentar seu poder sem necessidade".[56] Essas condições, especifica Mill, militam contra o controle governamental nas estradas, ferrovias, bancos, grandes empresas, universidades e coisas do gênero, mesmo se interviessem para maior eficiência. De fato, o mal pode ser tanto maior quanto mais eficiente puder ser o governo, pois se o governo for exercer tal controle, qualquer parcela de liberdade de imprensa ou de governo popular tornaria a Inglaterra ou qualquer outro país "livre apenas no nome".[57]

* * *

---

[55] Idem, ibidem, cap. V, p. 165. (N. T.)

[56] Idem, ibidem, cap. V, p. 167. (N. T.)

[57] Idem, ibidem, cap. V, p. 167. (N. T.) Apesar dessa afirmação nada ambígua, Mill, às vezes, é descrito como socialista. Essa alegação tem por base algumas passagens extremamente equívocas de sua obra *Economia Política* (a maior parte delas inserida por insistência da mulher e contra o próprio juízo de Mill, como ele mesmo afirma), e na leitura errônea do último de seus ensaios incompletos, publicados postumamente, com o título de *Capítulos sobre o Socialismo* [em português: J. S. Mill, *Capítulos sobre o Socialismo*, trad. Paulo

O liberalismo contemporâneo tomou o dito de Mill "O comércio é um ofício social" e o levou ao extremo. Onde Mill restringe severamente o papel do governo, minimizando assim a disparidade entre as esferas econômica e moral, os *liberals*[58] hoje alargaram admiravelmente esse hiato ao conceder ao governo poderes cada vez maiores nas questões econômicas, ao passo que dotaram o indivíduo de uma autonomia ainda maior nas questões morais. Há mais de um quarto de século, o jurista inglês lorde Devlin caracterizou esse fenômeno como uma combinação de "paternalismo físico e individualismo moral".[59] Atualmente, a fórmula mais correta seria "paternalismo social e individualismo moral", pois o escopo da intervenção governamental já se estendeu das questões físicas para as sociais – de assuntos relativos à saúde e segurança, aos salários e horas de trabalho, à indústria e meio ambiente, para problemas como integração racial, igualdade sexual, ação afirmativa, educação multicultural e coisas do tipo. Para alguns *liberals*, esses objetivos sociais parecem ser tão prementes, que requerem a suspensão até mesmo da mais absoluta das liberdades, a liberdade de expressão. Assim, alguns são a favor da proibição do "*hate speech*" [discurso de ódio] – o discurso depreciativo sobre as minorias – ao passo que defendem, de maneira inflexível, a liberdade de expressão dos atos obscenos, pornográficos e blasfemos e que possam ser submetidos à categoria de "discurso simbólico" e, pois, vindo

---

César Castanheira, São Paulo, Fundação Perseu Abramo, 2001. (N. T.)]. Muitas vezes as pessoas supõem, talvez com base somente no título, que esses ensaios eram uma discussão em favor do socialismo; na verdade, são uma crítica solidamente fundamentada. Para uma argumentação detalhada acerca da visão de socialismo de J. S. Mill, ver: Gertrude Himmelfarb, *On Liberty and Liberalism: The Case of John Stuart Mill*, New York, 1974, p. 126-39; e, da mesma autora, *Poverty and Compassion: The Moral Imagination of the Late Victorians*, New York, 1991, p. 263-69.

[58] Decidimos manter o termo em inglês, para evitar erros de interpretação e confusão. O termo *liberal* pode ser traduzido como "progressista" ou "esquerdista" nesse contexto.

[59] Patrick Delvin, *The Enforcemnent of Morals*, Oxford, 1965, p. 133-35.

a usufruir toda a liberdade inerente ao discurso, enquanto o *"hate speech"* deve ser julgado como uma violação dos direitos civis.

Por ora, a combinação – e disjunção – de "paternalismo" e "individualismo" é tão familiar e está tão incorporada à lei e ao costume que os *liberals* raramente se afligem com isso. Tornou-se um fato da vida, uma das muitas "contradições culturais" da modernidade que não mais são vistas como "problemas" porque alcançaram o posto de "condições". É um problema, contudo, porque provoca questões fundamentais a respeito do princípio da liberdade que estão no centro do liberalismo moderno.

Não só as contradições são problemáticas; os pressupostos que as fundamentam também são. Por que é adequado ao governo proibir alimentos insalubres, mas não é apropriado que proíba filmes sádicos; que controle a poluição do meio ambiente, mas que não a controle na cultura; que impeça a segregação racial, mas não a degradação moral? Não há implícito um padrão duplo para valores e prioridades? E qual é a importância dessa duplicidade de critérios?

Será que isso quer dizer que o bem-estar físico, material e social das pessoas é tido como muito mais importante que o bem-estar moral, cultural e espiritual, de modo que é justificável a suspensão do princípio da liberdade nos casos anteriores? Ou quer dizer que os indivíduos são competentes para compreender e proteger seus interesses morais, culturais e espirituais, mas não o são para os interesses físicos, materiais e sociais? Que concepção de natureza humana está contida nessa disjunção? Qual é a concepção de sociedade e de vida boas?

Mais uma vez, o próprio Mill não pretende defender uma duplicidade de critérios tão plena, muito menos uma radical inversão de valores. Ele mesmo tinha enorme apreço e dava mais prioridade aos bens morais que aos materiais. É por isso que seu livro sobre economia política discorre contra uma economia infinitamente expansionária e favorece uma economia "estacionária", que limite a capacidade aquisitiva material e a competição. É também por isso que *A Liberdade* propõe dar ao indivíduo absoluto controle sobre as questões morais, porque somente assim ele desenvolveria plenamente suas faculdades morais – ou seja, as faculdades mais elevadas, superiores.

As consequências não pretendidas de *A Liberdade*, no entanto, são muito diferentes. Ao deixar a moral e a cultura totalmente na esfera do indivíduo, ao retirá-las do domínio público, ao negar-lhes qualquer atenção especial ou proteção por parte da sociedade ou do Estado – ao fazê-las parecer, em suma, sem problemas – Mill, sem querer, deixa a impressão de que são menos importantes, menos urgentes que os interesses físicos, materiais e sociais que são problemáticos e requerem a intervenção da sociedade e do Estado. Essa não é uma consequência lógica de sua doutrina, mas é uma leitura plausível. Alguém poderia pensar, como o próprio Mill, que as questões mais importantes ficam melhor se deixadas aos indivíduos. Tal pessoa, no entanto, poderia igualmente concluir que se o governo se sentir obrigado a cercear a liberdade para proteger os indivíduos de alimentos estragados, mas não de uma produção literária depravada, isso é porque alimentos estragados são um assunto mais sério que uma literatura depravada.

Mill nunca diria "Ninguém jamais foi corrompido por um livro".[60] Tinha os livros em alta estima para repudiar seus efeitos, tanto os morais como os imorais. Tornou possível, e plausível, no

---

[60] Nem Milton diria tal coisa. Sua argumentação em *Areopagítica* é a de que, exatamente pelo poder, os livros não podem ser suprimidos – a menos que, com certeza, sejam "ímpios ou absolutamente perversos" ou contrários à "fé ou contra os costumes":
> Não nego que seja da maior importância para a Igreja e a Commonwealth manter um olhar vigilante tanto sobre o comportamento dos livros quanto dos homens. E, por conseguinte, confiná-los, encarcerá-los e submetê-los à mais rigorosa justiça como malfeitores. Porque os livros não são coisas absolutamente mortas; contêm uma espécie de vida em potência, tão prolífica quanto a alma que os engendrou [John Milton, *Areopagítica*, op. cit., p. 61].

entanto, para outros assumirem esse ponto de vista, para que pensassem que poluição e inseticidas são perigosos o bastante para demandar restrições à liberdade, mas pornografia e obscenidade, não; ou que o Ministério da Saúde possa propriamente obrigar que os pacotes de cigarros tragam a declaração de que causa danos à saúde, mas que o Ministério Público não possa autorizar uma tarja nas gravuras obscenas declarando-as deletérias para a alma. Como alguém já disse, agora é permissível que um artista se masturbe no palco, mas desde que ele ou ela recebam um salário mínimo.

* * *

O liberalismo percorreu um longo caminho desde *A Liberdade*. Alguns dos problemas atuais, todavia, seus paradoxos e contradições, excessos e limitações, repousam no princípio da liberdade enunciado nessa obra. Mill insistia em que não estava lidando com a liberdade como doutrina política. É óbvio, entretanto, que a política não pode ser divorciada do *ethos* que a sustenta, e que o princípio da liberdade tem consequências políticas, bem como éticas, que marcam uma ruptura decisiva com um modo primitivo de liberalismo.

Aquela tradição mais antiga reconhecia as ideias de liberdade e individualidade, mas em um contexto que tornava a liberdade consoante com o bem comum e a individualidade com a existência de atributos comuns na comunidade. Esse era o significado de "virtude republicana", "virtude cívica", "concordância social" e "moralidade social". Por intermédio de algum denominador comum, a liberdade seria reconciliada com a moral e o individual com a sociedade e a política.

Na França iluminista, na Inglaterra *Whig* e nos Estados Unidos republicanos, a mensagem era a mesma: Liberdade civil, mas não em excesso, e sempre conjugada com a virtude. Montesquieu foi quem melhor expressou tal ideia: "A virtude, numa república, é algo muito simples; é o amor pela república",[61] e, mais adiante, "O lugar natural da virtude é junto à liberdade; mas ela não se encontra mais perto da liberdade extrema que a servidão".[62] Até mesmo os Pais Fundadores comprometidos com a "nova ciência da política" – a teoria de que "interesses opostos e rivais" podem fundamentar melhor um governo republicano – reconheciam a importância da virtude, tanto dos líderes quanto das pessoas.

> O objetivo de qualquer constituição política é – ou deve ser – antes de tudo escolher como dirigentes as pessoas mais capacitadas para discernir e mais eficientes para garantir o bem-estar da sociedade; depois, tomar as mais seguras precauções no sentido de conservá-las eficientes enquanto desfrutarem a confiança pública.[63]

> Sigo nesse grande princípio republicano, que o povo terá virtude e inteligência para escolher homens de virtude e sabedoria (...). Supor que qualquer forma de governo assegurará a liberdade ou a felicidade sem qualquer tipo de virtude no povo é uma quimera.[64]

Tocqueville, ao escrever sobre a América, mas tendo em mente todos aqueles países (particularmente o seu próprio país) que iriam, inevitavelmente, seguir os Estados Unidos na trilha da democracia, estava especialmente alerta para os perigos da individualidade excessiva – o "individualismo", como chamava. Aquela "expressão recente", explicou, deriva de uma "ideia nova": não do egoísmo no sentido antigo, que é "um amor apaixonado e exagerado por si mesmo", mas "um sentimento refletido e pacífico" que persuade cada indivíduo a isolar-se da sociedade. Originado com a democracia e próspero na igualdade, o individualismo exaure as "fontes

---

[61] Montesquieu. *O Espírito das Leis*, op. cit., Livro V, cap. II, p. 69. (N. T.)

[62] Idem, ibidem, Livro VIII, cap. III, p. 122. (N. T.)

[63] A. Hamilton, J. Madison e J. Jay, *O Federalista*, trad. Heitor Almeida Herrera, Brasília, Editora Universidade de Brasília, 1984, LVII, p. 451. (N. T.)

[64] Jonathan Eliott, ed., *The Debates in the Several State Conventions, On the Adoption of the Federal Constitution*, Philadelphia, 1907, III, p. 536-37.

das virtudes públicas" e, ao final, também as da vida privada.⁶⁵ Na realidade, contudo, pode ser abrandado por associações privadas que façam a mediação entre o individual e o estatal e pelas "crenças religiosas", que, embora não façam parte do governo norte-americano, têm nele "a sua primeira fonte".⁶⁶

Em contraste marcante com Mill, Tocqueville via a religião não como potencial adversária da liberdade, mas como uma aliada. Porque na religião tinha de se crer sem discutir, subtraindo do intelecto "muitas das mais importantes opiniões humanas".⁶⁷ Assim, neutraliza o solipsismo dos norte-americanos, o costume de "só tomarem a si mesmos como padrões de seu julgamento".⁶⁸ Isso também serve como baluarte da moralidade, que é o pré-requisito da liberdade.

> A liberdade vê na religião a companheira de suas lutas e seus triunfos, o berço de sua infância, a fonte divina de seus direitos. Considera a religião como salvaguarda dos costumes; os costumes, como garantia das leis e o penhor da sua própria preservação.⁶⁹

> É o despotismo que pode passar sem a fé, mas não a liberdade. A religião é muito mais necessária (...) nas repúblicas democráticas que em todas as demais. Como poderia a sociedade deixar de perecer, se, enquanto o laço político se afrouxa, a moral não aperta? E o que fazer de um povo senhor de si, se não é sujeito a Deus?⁷⁰ ⁷¹

---

⁶⁵ Alexis de Tocqueville, *Democracia na América*, op. cit., Livro II, Parte II, cap. II, p. 386. (N. T.)

⁶⁶ Idem, ibidem, Livro I, Parte II, cap. XVII, p. 224. (N. T.)

⁶⁷ Idem, ibidem, Livro II, Parte I, cap. I, p. 323. (N. T.)

⁶⁸ Idem, ibidem, Livro II, Parte I, cap. I, p. 323. (N. T.)

⁶⁹ Idem, ibidem, Livro I, cap. II, p. 42. (N. T.)

⁷⁰ Idem, ibidem, Livro I, Parte II, cap. XVII, p. 227. (N. T.)

⁷¹ George Washington concordaria:
  De todas as disposições e hábitos que levam à prosperidade política, a religião e a moral são sustentáculos indispensáveis. Em vão tal homem poderá exigir que o contributo do patriotismo seja laborar para subverter esses grandes pilares da felicidade humana, esses firmes

Seria uma surpresa para Mill, mas não para Tocqueville, que a recente libertação da União Soviética e do Leste Europeu viesse acompanhada, se não foi causada em grande parte, por um renascimento da religião – e a religião não apenas como uma questão de crença privada (o totalitarismo nunca teve êxito total em suprimi-la) mas, como dizia Tocqueville, a primeira das instituições políticas.

* * *

Em Tocqueville e nos Pais Fundadores encontramos uma modalidade de liberalismo que precede *A Liberdade* e que sobrevive, hoje, como uma alternativa ou um corretivo. Poderíamos encontrar no próprio Mill, o "outro Mill", cujos escritos antes e depois de *A Liberdade* expressam visões muito diferentes do "princípio bastante simples"[72] desse livro.[73] Na verdade, ele nega que os assuntos sociais possam ser compreendidos em termos de um princípio único ou simples.[74]

É esse Mill quem diz que o homem deve ser encorajado a "usar o próprio julgamento", mas não a "*confiar* somente no próprio juízo";[75] que há "princípios fundamentais" que os homem acordam "considerar sagrados" e "acima de qualquer discussão";[76] que a moralidade

---

adereços dos deveres dos homens e dos cidadãos. [George Washington, "Farewell Address", *The Writtings of George Washington*, ed. John C. Fitzpatrick, Washington, 1940, XXXV, p. 229.]

[72] J. S. Mill, *A Liberdade*, cap. I, p. 17. (N. T.)

[73] Para uma discussão mais extensa sobre o assunto do "outro Mill", ver: Gertrude Himmelfarb, *On Liberty and Liberalism: The Case of John Stuart Mill*, e, para uma visão crítica a respeito dessa visão, C. L. Ten, *Mill on Liberty*, Oxford, 1980, p. 151-73.

[74] John Stuart Mill, *Autobiografia*, op. cit., p. 144 (N. T.) ; *The Earlier Letters of John Stuart Mill, 1812-1848*, ed. Francis E. Mineka, *Collected Works*, vol. XII, Toronto, 1963, p. 36.

[75] John Stuart Mill, "The Spirit of the Age" (1831), *Essays on Politics and Culture*, ed. Gertrude Himmelfarb, New York, 1962, p. 15.

[76] John Stuart Mill, "Coleridge" (1840), em *Essays on Politics and Culture*, p. 138.

pode ser promovida pela "educação e a opinião", pelas "leis e as organizações sociais";[77] que o sinal do "avanço da civilização" é a retirada do homem de um estágio de "independência selvagem"[78] e "individualidade miserável";[79] que "o governo existe para todos e quaisquer propósitos que sejam para o bem do homem: e o mais superior e importante desses propósitos é o aprimoramento do próprio homem como ser moral e inteligente".[80]

É esse Mill, também, cuja crítica aos *philosophes* antecipa a crítica que poderia ser feita à sua obra, *A Liberdade*. O erro dos *philosophes*, explica Mill, estava em "desarranjar tudo que ainda podia ser considerado como estabelecido",[81] extirpando qualquer reverência que as pessoas ainda pudessem sentir por qualquer coisa que lhes fosse superior, solapando o respeito pelos "limites que o costume e o uso consagrado estabeleceram para o deleite das fantasias e inclinações dos homens".[82] Deixaram de ver, sobretudo, que a sociedade repousa em uma "série de influências civilizadoras e restritivas" que inibem a "vontade própria e o amor pela independência do homem".[83] Tais influências derivam de um sistema de educação, iniciado na infância e que segue ao longo de toda a vida, cujo "ingrediente principal e contínuo" é o inculcamento de uma "disciplina restritiva". O propósito

---

[77] John Stuart Mill, *Utilitarismo* (1861), trad. e introd. Alexandre Braga Massella, São Paulo, Iluminuras, 2000, p. 41. (N. T.)

[78] Idem, ibidem, p. 56. (N. T.)

[79] Idem, ibidem, p. 38. (N. T.)

[80] John Stuart Mill, *Earlier Letters*, I, 36. [Ver também *O Governo Representativo*, trad. E. Jacy Monteiro, São Paulo, Ibrasa, 1983, p. 38. Nessa obra, diz Mill: "O principal elemento [de um bom governo] é o melhoramento do próprio povo [...] o governante não pode desprezar o espírito do povo para melhorar-lhe os negócios sem melhorar o próprio povo" (N. T.)].

[81] John Stuart Mill, "Coleridge" (1840), em *The Six Great Humanistic Essays of John Stuart Mill*, Nova York, Washington Square Press, 1963, p. 93. (N. T.)

[82] Idem, ibidem, p. 90. (N. T.)

[83] Idem, ibidem, p. 88. (N. T.)

dessa disciplina é criar em cada indivíduo o hábito e a capacidade de "subordinar os impulsos e anseios pessoais" aos fins da sociedade, e "controlar-se em todos os sentimentos"[84] suscetíveis de militar contra tais finalidades. Sem essa disciplina, nenhum sistema de governo poderia sustentar-se.

> Sempre e à medida que o rigor da disciplina restritiva foi abrandado, reafirmou-se a tendência natural da humanidade para a anarquia; o Estado desorganizou-se internamente; o conflito mútuo para fins egoístas neutralizou as energias necessárias para manter a disputa contra as causas naturais do mal; e a nação, após um intervalo maior ou menor de declínio progressivo, tornou-se escrava do despotismo ou presa do invasor estrangeiro.[85]

* * *

---

[84] Idem, ibidem, p. 89. (N. T.)

[85] Idem, ibidem, p. 89. (N. T.). Para que isso não fosse considerada a opinião de um jovem inexperiente, descartada por um Mill mais maduro, devemos notar que ele reimprimiu essas passagens repetidamente, com ligeiras mudanças nas palavras, o que sugere uma releitura cuidadosa. A passagem apareceu pela primeira vez nesse ensaio sobre Coleridge na *London and Westminster Review*, em 1840 [*London and Westminster Review*, XXXIII, mar. 1840, p. 257-302. (N. T.)]. Foram reimpressas na obra *Sistema de Lógica*, em 1843 [Livro VI, X, 5. (N. T.)], e ligeiramente alteradas na terceira edição de 1851, em que a expressão "disciplina restringente" (da citação acima) substituiu as palavras originais "essa disciplina". A emenda foi preservada quando o ensaio foi republicado na íntegra no primeiro volume de *Dissertations and Discussions*, em 1859, no mesmo ano de *A Liberdade*. [No Brasil, o trecho apareceu na obra *A Lógica das Ciências Morais*, excerto do sexto livro do *Sistema de Lógica* de Mill, na seguinte tradução: "*Sempre e na proporção em que o rigor da disciplina repressora era relaxada, reafirmava-se a tendência natural da humanidade para a anarquia; o Estado se tornava internamente desorganizado, o conflito mútuo pelos fins egoístas neutralizava as energias para manter a luta contra as causas naturais dos males, e a nação, após um intervalo mais ou menos longo de progressiva decadência, tornava-se, ou escrava do despotismo, ou presa de um invasor estrangeiro*", em *A Lógica das Ciências Morais*, trad. e introd. Alexandre Braga Massella, São Paulo, Iluminuras, 1999, p. 122. (N. T.)]

Podemos somente especular as razões para a existência (às vezes, coexistência) de "dois Mills". É fácil, no entanto, explicar por que o Mill de *A Liberdade* veio a ofuscar o "outro Mill". Um "princípio bastante simples" é sempre mais sedutor que um conjunto, complicado e matizado, de princípios. E esse princípio, em particular, é ainda mais atraente porque se conforma à imagem do indivíduo moderno, liberado, autônomo, "autêntico".

Também é especialmente atraente em tempos de crise, em que a própria liberdade está em risco. Com a ascensão do comunismo e do nazismo, muitos *liberals*, normalmente inclinados a uma visão da liberdade mais moderada, pluralista e pragmática, foram persuadidos de que a única proteção contra um regime absolutista era um princípio absoluto de liberdade. Qualquer outra coisa parecia desproporcionado diante a enormidade do mal. O totalitarismo, acreditavam, só poderia ser eficazmente combatido por uma ideologia tão completa e intransigente quanto a do inimigo com que lutavam. Contra o despotismo absoluto, a única resposta adequada parecia ser a liberdade absoluta.

Essa foi, e ainda é, a base psicológica do falacioso argumento "bola de neve". Qualquer desvio da liberdade absoluta é visto como capitulação à tirania, qualquer restrição à pornografia como um golpe mortal à liberdade de expressão. Esse é o argumento usado pelos *liberals* para apoiar subsídios governamentais a um tipo de "arte", como aquela que apresenta a fotografia de um crucifixo imerso em urina, a pintura de Cristo como um viciado em drogas com uma agulha no braço ou em ato sexual, que, se comparadas ao antigo *striptease*, certamente fazem-no parecer puritano. Os mesmos *liberals*, contudo, que advogam a maior liberdade para os artistas (dentre elas, a liberdade de serem subsidiados), também tendem a apoiar, em nome da mesma liberdade, a mais estrita separação Igreja-Estado – com o resultado curioso de que a fotografia de um crucifixo imerso em urina possa ser exibida numa escola pública, mas o crucifixo não imerso em urina não possa ser exposto.

Tais absurdos apontam para um problema mais sério: a tendência de a liberdade absoluta subverter a própria liberdade que busca preservar. Ao tornar liberdades particulares dependentes de um princípio absoluto de liberdade, ao invalidar todos os outros princípios – história, costumes, leis, relevância, juízos, religião – que tradicionalmente serviram para dar sustentação às liberdades particulares, o princípio absoluto desconsidera essas liberdades particulares juntamente com os princípios sobre os quais estão baseadas. Longe de tornar a liberdade absolutamente segura, a doutrina absolutista pode ter o efeito involuntário de privar liberdades específicas, até mesmo as mais fundamentais, da segurança que desfrutam sob auspícios mais modestos e tradicionais. E quando o princípio absoluto prova ser inadequado às exigências da vida social, é abandonado absolutamente, sendo substituído não por uma forma mais moderada de liberdade, mas por uma forma imoderada de controle governamental. Essa é a fonte da disjunção entre individualismo e paternalismo que é uma característica tão proeminente do liberalismo contemporâneo.

O princípio absoluto da liberdade tem outro efeito perverso. Por esse padrão, as distinções de grau deixam de ser importantes. Qualquer liberdade frustrada é vista como fatalmente falha. E qualquer sociedade que seja liberal no sentido tradicional, não absolutista, está condenada a ser tão pouco liberal e ilegítima como uma sociedade despótica. Essa é a lógica que informa a crítica marxista como uma forma de "tolerância repressiva", e a crítica pós-moderna de todas as sociedades, até mesmo das mais liberais, como "tirânicas" e "autoritárias".

Aqueles que experimentaram a tirania do totalitarismo podem apreciar quanto ela difere da "tirania social" da democracia liberal. Também podem apreciar os perigos de um princípio absoluto de liberdade que dá pouco respaldo positivo, legal e institucional àquelas virtudes privadas e públicas – as "virtudes republicanas" ou "virtudes cívicas" – que são os requisitos da democracia liberal. Temos somente o testamento do líder de um dos países recém-liberto que é não somente um perfeito liberal, mas também um renomado escritor e intelectual.

Apenas dois anos após sua visita triunfal aos Estados Unidos, quando contou a um Congresso entusiasmado que "a consciência precede o ser, e não o contrário",[86] que Václav Havel, presidente da Tchecoslováquia, refletiu sobre as consequências não pretendidas da própria liberdade – uma liberdade que ameaçava libertar seus concidadãos não só da tirania do comunismo mas dos limites da moralidade.

> O retorno da liberdade a um lugar que se tornou moralmente desarticulado tem produzido algo que claramente tinha de produzir e, portanto, algo que deveríamos ter esperado. Veio a ser, no entanto, muito mais sério do que qualquer um de nós poderia prever: uma explosão enorme e incrivelmente visível de todos os vícios humanos imagináveis. Um amplo espectro de tendências humanas questionáveis ou, no mínimo, ambivalentes, discretamente encorajadas ao longo dos anos e, ao mesmo tempo, silenciosamente forçadas a servir às operações diárias do sistema totalitário, foi liberto de repente, por assim dizer, da camisa de força e, por fim, estava com as rédeas soltas. O regime autoritário impôs certa ordem – se essa é a expressão correta para aquilo – a tais vícios (e, ao fazê-lo, "legitimou-os", em certo sentido). Essa ordem agora foi rompida, mas uma nova ordem que limitasse e não explorasse tais vícios, uma ordem baseada na responsabilidade livremente aceita para e por toda a sociedade, ainda não foi erigida, nem poderia ter sido, pois tal ordem leva anos para ser desenvolvida e cultivada.
>
> Assim, somos testemunhas de um estado de coisas grotesco: uma sociedade que se libertou, é verdade, mas que, de certo modo, se comporta pior do que quando estava sob os grilhões.[87]

---

[86] Ver o capítulo 3 do presente livro, "De Marx a Hegel", p.
[87] Václav Havel, "Paradise Lost", *The New York Review of Books*, 9 abr. 1992, p. 6.

Os *liberals* sempre souberam que o poder absoluto tende a corromper absolutamente. Assim como Havel, agora estamos descobrindo que a liberdade absoluta também tende a corromper absolutamente. Uma liberdade que é divorciada da tradição e da convenção, da moralidade e da religião, que torna o indivíduo um único repositório e árbitro de todos os valores, colocando-o num relacionamento antagônico com a sociedade e o Estado – tal liberdade é um grave perigo ao próprio liberalismo. Quando essa liberdade não atende às expectativas, quando viola o senso moral de comunidade ou é incompatível com as demandas legítimas da sociedade, não há princípio moderador que ocupe o seu lugar, não há descanso entre as ferozes variações do libertarianismo e do paternalismo.

Felizmente, temos outra tradição liberal para recorrer, a tradição de Montesquieu, a dos Pais Fundadores, a de Tocqueville e a do "outro Mill". Nela encontramos um liberalismo "propriamente dito" que nos protegerá tanto dos horrores do poder absoluto quanto dos excessos da liberdade absoluta.

Capítulo 5 | A Encruzilhada Sombria e Sangrenta: o Ponto de Encontro do Nacionalismo e da Religião

Estava no primeiro ano do curso de História, logo após a deflagração da Segunda Guerra Mundial, quando fui apresentada ao conceito de nacionalismo. A guerra, o professor nos informou, era o último domínio do nacionalismo, era o nacionalismo nos seus espasmos mortais. O nacionalismo foi um fenômeno do século XIX, um subproduto romântico do apogeu do Estado-nação. Ele mal sobrevivera à Primeira Guerra, e a Segunda Guerra, certamente, acarretaria seu fim, juntamente com outras instituições obsoletas: o Estado-nação e o capitalismo. Esse professor, um estudioso de muita distinção, falou com grande autoridade, pois tinha conhecimento pessoal e profissional do assunto; como recém-emigrado da Alemanha, trazia a experiência trágica, íntima, daquele anacronismo conhecido como nacionalismo.

Essa foi minha introdução não só ao nacionalismo, mas a essa espécie de dissonância cognitiva – a discrepância entre realidade e ideologia – que só pessoas verdadeiramente eruditas e sagazes podem alcançar. Ao final da Segunda Guerra, outro eminente historiador, E. H. Carr, tendo acabado de testemunhar a mais violenta investida de um nacionalismo agressivo que retrocedeu pelos esforços e sacrifícios heroicos de um nacionalismo defensivo, predisse o fim iminente do nacionalismo e da própria nacionalidade. Os Estados

Unidos, explicou, não é tanto uma nação, mas um crisol de raças. A União Soviética demonstrara uma "abrangente fidelidade soviética" que anulou a multiplicidade das "nações que a compõem". Na Ásia, a exigência de autodeterminação ainda poderá ser ouvida, embora "mais fraca e menos confiante que anteriormente". E as nações menores sobreviveriam, se sobrevivessem, "somente como uma anomalia e um anacronismo".[1] (Um ano depois dessa previsão, a Índia tornou-se uma nação independente; o Paquistão a seguiu em tal caminho e, um ano depois, foi criado o Estado de Israel.)

Recentemente, o argumento evoluiu ainda mais, pois não só o futuro do nacionalismo e da nacionalidade é negado, como também o passado. Mais uma vez, é prova de peculiar perversidade intelectual que essa visão tenha sido forçosamente expressa por um norte-americano, no mesmo momento em que os Estados Unidos estavam celebrando, entusiasticamente, seu bicentenário – e, por um historiador cuja especialidade é a história de outra nação. Foi em 1976 que Theodore Zeldin recorreu aos colegas para libertá-los das "tiranias" que os mantinham cativos: cronologia, causa e coletividade – nessa última, inseria a ideia de nação.[2] Seis anos depois, repetiu o chamado para libertação: "Uma perspectiva nacional não pode ser sustentada por muito mais tempo nos estudos históricos". Não há, nem nunca houve, tal coisa como uma "identidade nacional", porque as nações não são, ao contrário da primeira impressão, entidades distintas. "Todos os instintos nos informam que há algo diferente entre um alemão e um italiano, no entanto, todos os instintos nos informam que a Terra é plana".[3][4] (O primeiro desses

---

[1] E. H. Carr, *Nationalism and After*, Londres, Macmillan Publishers, 1945, p. 36-37.

[2] Theodore Zeldin, "Social History and Total History", *Journal of Social History*, 1976, p. 242-43.

[3] Theodore Zeldin, resenha de Robert Blake, ed., *The English World*, *Times Literary Supplement*, 31 dez. 1982, p. 1436.

[4] É curioso encontrar essa ideia ecoada por Michael Oakeshott, que rejeita a nacionalidade como um princípio organizador na escrita da história por

pronunciamentos apareceu exatamente antes da publicação do segundo volume da obra altamente elogiada de Zeldin sobre a história da França e, a segunda, na mesma ocasião do segundo livro, *Os Franceses*.⁵)

* * *

Eis a nova "problemática" do nacionalismo: a "desmistificação" ou "demitização" do nacionalismo, e, portanto, da própria nação. O nacionalismo, dizem, foi promovido ao longo de todo o século XIX e até o momento presente por uma série de "artefatos culturais" que apóiam "comunidades imaginadas", chamadas de nações ou nacionalidades. Benedict Anderson, que cunhou o termo agora em moda, não pretendia transmitir com isso nenhum significado hostil. As comunidades são "imaginadas" não porque sejam projetadas ou falsas, mas porque não é possível aos membros de qualquer nação conhecer todos os demais e, portanto, se relacionar uns com os outros numa "imagem de comunhão".⁶ Da mesma maneira, os "artefatos culturais" não são artificialmente "fabricados", mas são a "destilação espontânea" de forças históricas complexas; assim, detêm "profunda legitimidade emocional". (Algumas nacionalidades novas, de fato,

---

refletir, no passado, uma abordagem "prática" ou uma "mentalidade hodierna". "Podem oferecer-nos uma 'História da França' mas somente se o autor tiver abandonado o compromisso de historiador em prol do ideólogo ou do mitólogo encontraremos nela a identidade – *La Nation* ou *La France* – à qual são atribuídas as diferenças que compõem a narrativa." [Michael Oakeshott, *On History and Other Essays*, Oxford, 1983, p. 100.] Ficamos a pensar se Oakeshott igualmente teria achado "Uma História da Inglaterra" tão ideológica ou mítica.

⁵ O título da primeira obra de Zeldin, *França 1848-1945*, consegue unir duas das categorias "tirânicas" que ele denuncia: nacionalidade e cronologia.

⁶ Benedict Anderson, *Imagined Communities: Reflections on the Origin and Spread of Nationalism*, London, 1983, p. 13-15 [No Brasil: *Comunidades Imaginadas: Reflexões Sobre a Origem e a Difusão do Nacionalismo*, trad. Denise Bottman, São Paulo, Companhia das Letras, 2008. (N. T.)]

são versões "pirata" das nacionalidades antigas, moldadas na arcaica e, portanto, "imaginada" maneira mecânica e derivada.)⁷

A versão de Anderson é engenhosa e matizada. Muitas vezes, essa teoria aparece de maneira mais grosseira, enfatizando o caráter artificial, fabricado dos artefatos que geram e sustentam o nacionalismo. Ao mesmo tempo que Anderson introduziu a ideia de comunidades imaginadas, Eric Hobsbawm cunhou outro termo que se tornou ainda mais popular: "tradições inventadas". Essas tradições, como Hobsbawm as descreve, são, em grande parte, criações "conscientes e deliberadas" projetadas para propósitos ideológicos, "exercícios de engenharia social" destinados a criar a continuidade com o passado que é "em grande parte artificial".⁸

Agora temos uma literatura abundante dedicada aos mitos, símbolos, rituais, festivais, cerimoniais, recordações e outras "invenções" que visam estimular – e simular – os sentimentos e sensibilidades nacionalistas. O efeito, se não o propósito, de tudo isso é "problematizar" o nacionalismo e "desmistificar" a nacionalidade – o que significa dizer, depreciar o nacionalismo e desfigurar a nacionalidade. Não é de surpreender que Hobsbawm, no seu último livro sobre o

---

⁷ Idem, p. 78, 123.
⁸ Eric Hobsbawm e Terence Ranger, *The Invention of Tradition*, Cambridge, 1983, p. 2-3, 13, 263. [No Brasil: Eric Hobsbawm e Terence Ranger, *A Invenção das Tradições*, trad. Celina Cardim Cavalcanti, Rio de Janeiro, Paz e Terra, 1984. (N. T.)] Ver também: Raphael Samuel, *Patriotism: The Making and Unmaking of Bristish National Identity*, London, 1989, I, lx e passim; Ernest Gellner, *Thought and Change*, London, 1964, p. 168. Em um último livro, Gellner nega a natureza artificial ou fictícia dessas invenções [*Nations and Nationalism*, Ithaca, 1983, p. 56 {Em português: *Nações e Nacionalismo*, trad. Inês Vaz Pinto, Lisboa, Gradiva, 1983. (N. T.)}]. Anderson e Hobsbawm cunharam os termos que popularizaram essa ideia de nacionalismo, mas não a ideia em si. Dois anos antes de seus livros aparecerem, um exame na literatura recente sobre nacionalismo descreveu o "caráter artificial ou fabricado" das nacionalidades do século XIX como as "abordagens aceitas" a respeito do assunto (Geoffey Eley, "Nationalism and Social History", *Social History*, jan. 1981, p. 90).

assunto, assegure-nos que o nacionalismo "não é mais o principal vetor de desenvolvimento histórico", que é algo de "importância histórica declinante".[9] Isso foi escrito em 1990, na mesma época em que a dissolução do império soviético estava gerando fortes movimentos nacionalistas, quando o Oriente Médio estava experimentando um turbilhão ainda mais nacionalista que os de costume, e quando o número dos estados nas Nações Unidas era o maior de todos os tempos e ameaçava, a cada dia, ficar ainda maior.

O nacionalismo induz esse tipo de dissonância cognitiva, não somente entre marxistas como Hobsbawm, que aposta na teoria do "definhamento do Estado" (e da nação – os "trabalhadores do mundo" não têm nação), mas também entre os *liberals* [progressistas] e alguns conservadores. Os *liberals* acreditam ser difícil creditar o fato, e a força, ao nacionalismo porque isso viola alguns dos pressupostos que mais apreciam: de que as pessoas são indivíduos racionais com interesses e aspirações universais; que as nações não são nada além de um agregado de indivíduos, e o nacionalismo é irracional, provinciano e retrógrado. (Uma versão *neoliberal* dessa doutrina tem o Estado-nação substituído por uma "sociedade civil" dominada por indivíduos, grupos e comunidades que respondem aos problemas locais e aos particulares e não aos nacionais.)

Alguns conservadores são respeitosos com o nacionalismo, com base no princípio burkeano de que a nação é um dos "contratos" que unem "os vivos, os mortos e os que ainda estão por vir". Outros conservadores de inclinação mais libertária, no entanto, desconfiam

---

[9] Eric Hobsbawm, *Nations and Nationalism Since 1780: Programme, Myth, Reality*, Cambridge, England, 1990, p. 163, 170 [No Brasil: *Nações e Nacionalismo desde 1780*, trad. Maria Paoli, Rio de Janeiro, Paz e Terra, 1991. (N. T.)] Outro eminente radical inglês anunciou, correndo o risco da "excomunhão virtual" de seu círculo (a *New Left Review*), que o nacionalismo neste período histórico "pode, no geral, ser preferível ao que ocorreu antes" (Tom Nairn, "Demonising Nationalism", *London Review of Books*, 25 fev. 1993, p. 5).

do nacionalismo, em parte por causa da hostilidade ao Estado, e em parte por suspeitarem de qualquer tipo de ideologia ou fanatismo. De mais a mais, tanto *liberals* quanto conservadores têm boas razões para repelir o nacionalismo, preferindo que ele não exista. Após a experiência do nazismo, é bastante compreensível que formas benignas de nacionalismo possam ser desacreditadas juntamente com suas formas malignas.

* * *

Se o nacionalismo provoca a negação da realidade, a religião a provoca ainda mais, e por algumas das mesmas razões – porque resiste abertamente aos princípios iluministas do racionalismo, do universalismo, do secularismo e do materialismo. Falo de religião não como uma crença pessoal, privada – isso o mundo esclarecido pode tolerar como uma idiossincrasia pessoal protegida pelo princípio da liberdade. O que é menos tolerável, nessa perspectiva, é a religião como uma força institucional, organizada que provoca colisões na esfera pública. A religião, nesse sentido, é considerada tão obsoleta quanto o próprio nacionalismo. Afinal, há mais de dois séculos os *philosophes* nos asseguraram que o último sacerdote seria enforcado com as entranhas do último rei (ou foi o contrário?).

Cá estamos, no entanto, desafiando todas as expectativas, confrontando uma combinação letal de nacionalismo e religião – e não em uma região, mas ao redor de todo o globo. A "questão nacional", que não só marxistas, mas os intelectuais mais cultos (novamente, conservadores e progressistas) tinham lançado ao refugo da história, ameaça se tornar *o tema* do presente e do futuro. E a questão nacional, também está se tornando óbvio, está intimamente associada com a religião. De que outra maneira podemos entender o que se passa no Oriente Médio (e não só no conflito árabe-israelense, mas nos conflitos religiosos dentro do mundo árabe), ou no antigo império soviético, ou naquilo que outrora foi a Grande Índia ou na

Iugoslávia, ou – não nos esqueçamos exatamente por ser, de maneira trágica, familiar – na Irlanda no Norte? Essas são realidades do nosso mundo, as "encruzilhadas sangrentas", em que se encontram nacionalismo e religião.[10]

Essas realidades também iludiram uma série de historiadores. Se meu professor de história, refugiado da Alemanha, podia descartar tão displicentemente o nacionalismo, não é de admirar que outros tenham igualmente repudiado – ou melhor, tenham esquecido – o componente religioso do nacionalismo. Existem obras importantes sobre nacionalismo, escritas por historiadores de grande renome (e, novamente, tanto por conservadores como por progressistas), que mal mencionam a religião como um fator significativo na história do nacionalismo.[11] A recém-publicada *Encyclopedia of Nationalism* [Enciclopédia do Nacionalismo] tem entradas sobre "Nacionalismo Cultural", "Nacionalismo Dinástico", "Nacionalismo Econômico", "Nacionalismo Humanitário", "Nacionalismo Integral", e até mesmo "Música e Nacionalismo", mas nada sobre "Nacionalismo

---

[10] Lionel Trilling falou da "encruzilhada sombria e sangrenta, em que se encontram literatura e política". Ver: Lionel Trilling, "Reality in America" (1940), *The Liberal Imagination*, New York, 1950, p. 11.

[11] Por exemplo: Elie Kedourie, *Nationalism*, London, 1960; Kenneth Minogue, *Nationalism*, New York, 1967; J. L. Talmon, *The Myth of the Nation and the Vision of Revolution: The Origins of Ideological Polarization in the Twentieth Century*, Ithaca, N.Y., 1983 [1ª ed. 1981]; Anthony D. Smith critica a explicação "funcionalista" do nacionalismo como "religião politizada", afirmando ser uma visão simplista da própria religião, mas ele mesmo confere à religião, no nacionalismo, somente um papel "indireto, ambíguo e reativo" (*Theories of Nationalism*, London, 1983, p. 54, 57). Eugene Kamenka, por outro lado, previu, logo em 1973, a emergência de "tensões primárias" na Iugoslávia por conta das diferenças religiosas que assumiram a forma de diferenças nacionais (Kamenka, ed., *Nationalism: The Nature and Evolution of an Idea*, London, 1976, p. 13. Ver também: Salo Wittmayer Baron, que cita a observação de Leopold von Ranke, de 1872, que, "na maior parte dos períodos históricos, as nações foram mantidas em unidade somente por laços religiosos" (Baron, *Modern Nationalism and Religion*, Freeport, N.Y., 1971 [1ª ed. 1947], p. 20).

Religioso" ou "Religião e Nacionalismo" (há "Nacionalismo como Religião", mas "religião" aqui é usada metaforicamente, para sugerir a natureza emotiva do nacionalismo).[12]

Até as aparentes exceções comprovam a regra. Um trabalho recente de Linda Colley mostra o nacionalismo britânico (não só inglês) como algo forjado nas duras provas da guerra e da religião – e a guerra, em muitas das vezes, a serviço da religião. Foi o protestantismo no século XVIII que tornou possível "a invenção da Grã-Bretanha".[13] No período vitoriano, o Império era visto como prova do "destino providencial" da Grã-Bretanha, testemunha de seu *status* como a "Israel protestante". Isso foi naquela época. Ora, Colley conclui, com a decadência do protestantismo como parte vital da cultura britânica e a ausência de qualquer inimigo católico na Europa – de fato, com a Grã-Bretanha comprometida com a Comunidade Europeia – a identidade dos britânicos e seu senso de nacionalismo está em "dúvida e desordem".[14] Nesse particular, Colley se une à maioria dos colegas, que encontram pouca religião e menos nacionalismo no mundo hoje.

---

[12] Luis L. Synder, *Encyclopedia of Nationalism*, New York, 1990. Em obra pioneira sobre o assunto, Carlton J. H. Hayes apresentou a tipologia clássica do nacionalismo: humanitário, jacobino, tradicional, liberal, integral e econômico (*Essays on Nationalism*, New York, 1926). A exclusão do nacionalismo religioso por Hayes é bastante interessante porque ele mesmo era um eminente católico leigo. Acreditava, no entanto, que a Igreja Católica, como principal força espiritual no mundo, era uma poderosa força contra o nacionalismo.

[13] O componente religioso do nacionalismo inglês, às vezes, é reportado como algo muito mais antigo, da época da Reforma Anglicana, quando Henrique VIII foi declarado chefe supremo da Igreja. Um historiador chegou ao ponto de dizer: "O nascimento da nação inglesa não foi o nascimento de uma nação: foi o nascimento das nações, o nascimento do nacionalismo" (Liah Greenfield, *Nationalism: Five Roads to Modernity*, Cambridge, Massachusetts, 1992, p. 23). Esse, no entanto, é um ponto de vista nitidamente minoritário. A visão mais comum tem por origem do nacionalismo a Revolução Francesa, o que lhe confere um caráter totalmente secular.

[14] Linda Colley, *Britons: Forging the Nation 1707-1837*, New Haven, 1992, p. 54, 368-69, 374 e passim.

(Colley exclui a Irlanda do livro. Tinha-na incluído, deve ter descoberto mais indícios de ambos).

Outra exceção notável é Conor Cruise O'Brien, que encontra uma fartura de nacionalismo e religião no mundo contemporâneo. A maior parte do seu livro, *God Land: Reflections on Religion and Nationalism* [Deus da Terra: Reflexões sobre Religião e Nacionalismo],[15] lida com a história dos sentimentos nacionalistas-religiosos, a começar com a Bíblia, passando pela Reforma Protestante, os Estados Unidos puritanos e a Revolução Francesa. Somente no último capítulo, "O deus da Terra agora", lida com o presente e aí O'Brien atesta tanto o poder duradouro do nacionalismo religioso (ou religião nacionalista) como sua desconfiança à maioria de suas formas. Na América Latina, o nacionalismo e a teologia da libertação fundiram-se para produzir um "nacionalismo sagrado", comparável ao dos primeiros puritanos, ao passo que, nos Estados Unidos, o nacionalismo paira entre a ideia de uma "nação_santa", que ainda guarda algum sentido (apesar de bastante débil) de uma nação sob os cuidados de Deus, e a mais extrema forma de uma "nação deificada", que não reconhece nenhum ser ou lei superior a si mesma. Para um "agnóstico professo" como ele, as duas formas causam alarme – embora sejam menos alarmantes do que, acrescenta O'Brien, um nacionalismo totalmente a serviço da tecnologia. Sua preferência pessoal é por um nacionalismo que incorpore as formas menos fervorosas de religião, um "povo escolhido" cujo orgulho nacional é mitigado pela humildade perante Deus – ou, ainda melhor, na versão de Abraham Lincoln, "esse povo quase escolhido". Esse "quase", conclui O'Brien, "não é a parte menos preciosa da grande herança dos Estados Unidos".[16]

* * *

---

[15] Conor Cruise O'Brien, *God Land: Reflections on Religion and Nationalism*, Cambridge, Massachusetts, 1988.

[16] Idem, ibidem, p. 39, 81 e passim.

Há muita justificativa pela negligência da religião no que diz respeito aos movimentos nacionalistas do século XIX, opressivamente seculares – de fato, em alguns casos antirreligiosos, realizavam um esforço de consciência para afastar a religião, em particular a religião ritualística do catolicismo, do posto de primeira devoção do homem. O historiador francês do século XIX, Jules Michelet, disse que a ideia de nação surgiu para preencher o abismo imensurável deixado pela extinção da ideia de Deus. Isso foi certamente verdade para o nacionalismo gerado pela Revolução Francesa na própria França, embora não o seja para o nacionalismo inspirado nas nações submissas que resistiam às invasões do regime napoleônico. É verdade para o nacionalismo italiano, que era uma revolta secularista contra a dominação do papado, bem como uma revolta nacionalista contra a Áustria. E era verdade para a Alemanha, onde o nacionalismo se expressou na união de protestantes e católicos.

Mesmo na Irlanda no século XIX, o nacionalismo apelou para os sentimentos políticos e não para os religiosos. Os jovens do movimento *Young Ireland* [Irlanda Jovem], os Fenianos, de meados do século XIX, eram republicanos e democratas mais que católicos, e os "Home Rulers" [partidários do governo autônomo] do final do século XIX (até mesmo Charles Stewart Parnell) eram geralmente protestantes. No início do século XX, contudo, a visão de uma Irlanda unida, independente, foi por água abaixo diante da realidade do conflito católico-protestante, que culminou na divisão da Irlanda após a guerra de independência – uma solução que nada resolveu e que continua a atormentar tanto a Inglaterra quando a República da Irlanda.

Na Irlanda, como em outras partes do mundo, a religião começou a emergir, após a Primeira Guerra e mais ainda após a Segunda Guerra Mundial, como primeiro motor do nacionalismo. Historiadores, sociólogos, cientistas políticos e até jornalistas, contudo, não foram propriamente entusiastas, em parte por causa da predisposição ideológica deles para opor a religião (a incapacidade de levá-la a sério como uma força na modernidade), por outro lado, por conta dos antolhos profissionais (o compromisso com a explicação "científica" de fenômenos "não científicos"). Para eles, o nacionalismo, visto que persiste contrário a todas as explicações racionais, o faz como subproduto da modernização.[17] E a religião, já que tem parte no nacionalismo, a exerce como um estratagema das elites políticas e sociais que são, por si sós, secularistas, mas usam a retórica da religião para mobilizar a população e garantir sua obediência. Até em meio à multidão, um sociólogo eminente encontra poucos indícios tanto dos sentimentos nacionalistas como dos religiosos na vida "cotidiana".[18] Outro, após afirmar que o nacionalismo não tem "nenhuma raiz profunda na *psiqué* humana", segue exclamando a respeito da "fascinante relação entre a Reforma Protestante e o nacionalismo". A Reforma que tem em mente, contudo, tem relação com "alfabetização e escrituralismo", "unitarianismo sem padres" e "individualismo" – em suma, uma Reforma que não é tanto religiosa, mas anticlerical e secular.[19]

Essa visão da modernidade é sofisticada e plausível, mas dificilmente faz jus às experiências da última metade de século, sem mencionar os eventos mais recentes: as guerras árabe-israelenses e a *intifada*,[20] que é guerra por outros meios. Temos os conflitos sangrentos entre hindus e muçulmanos na Índia; as atrocidades cometidas

---

[17] Uma exceção notável é Greenfeld, que reverte a fórmula convencional, ao argumentar que o nacionalismo não é o produto, mas a pré-condição da modernização (p. 18-21 e passim). Coley tem o nacionalismo como anterior à modernização nas origens, mas, como a maioria dos historiadores, presume uma diminuição radical do nacionalismo uma vez que progrida a modernização (p. 369, 374).

[18] Anthony Giddens, *A Contemporary Critique of Historical Materialism*, vol. II, *The Nation State and Violence*, Oxford, 1986, p. 73, 218.

[19] Gellner, *Nations and Nationalism*, p. 34, 40, 142.

[20] Literalmente significa "revolta" em árabe. O termo é usado para designar, principalmente, os fortes movimentos de oposição civil palestina contra a presença israelense nos territórios ocupados. O termo pode ser utilizado para outras revoltas, mas normalmente refere-se à ocupação israelense. (N. T.)

pelo Iraque contra os xiitas e pelos sérvios contra os muçulmanos na Bósnia. Ficamos horrorizados de ouvir sobre a "limpeza étnica" da polícia sérvia, mas isso é apenas um eufemismo – não só pela palavra "limpeza", como pela palavra "étnica". Nesse caso (assim como em muitos outros), étnico significa nada mais que religioso. Diziam que a língua era um critério distintivo de nacionalidade, no entanto, sérvios, croatas, muçulmanos bósnios partilham a mesma língua, o que não compartilham é a mesma religião, e o que têm testemunhado é a simples e *démodé* perseguição religiosa.

* * *

Muito foi dito acerca da tese do "fim da história", talvez não o bastante a respeito de um aspecto dela bastante típico do pensamento contemporâneo. Francis Fukuyama foi criticado pela facilidade com que repudia o nacionalismo como força significativa na história. O que não foi suficientemente reconhecido é que, ao rejeitar o nacionalismo, também recusa a religião. No artigo original, religião e nacionalismo figuram como as duas "contradições" que perduram na sociedade liberal. Essas, somos assegurados, não têm "importância universal" porque o nacionalismo persiste apenas no Terceiro Mundo ou nas partes "pós-históricas" da Europa como na Irlanda do Norte, e a religião é um problema somente ao assumir a forma de fundamentalismo.[21]

O livro *O Fim da História e o Último Homem* aperfeiçoa a tese. "O desejo de reconhecimento com base na nacionalidade ou na raça", explica Fukuyama, "não é racional".[22] Nem, aparentemente, é o desejo de reconhecimento com base na religião, pois prossegue a traçar um paralelo entre nacionalismo e religião. Recorda-nos das

---

[21] Francis Fukuyama, "The End of History?", *The National Interest*, Verão, 1989, p. 14.

[22] Idem, *The End of History and the Last Man*, New York, 1992, p. 201 (versão em inglês). [No Brasil: Francis Fukuyama, *O Fim da História e o Último Homem*, trad. Aulyde S. Rodrigues, Rio de Janeiro, Rocco, 1992. (N. T.)]

guerras religiosas do século XVI, quando a Europa dissipava a riqueza pela causa do fanatismo religioso. Ao reagir contra o desperdício dos recursos por puro autointeresse econômico, a religião, finalmente, "aprendeu a ser tolerante" e foi "relegada à esfera da vida privada". Foi assim que "*o liberalismo venceu a religião na Europa*" (itálicos do autor). O mesmo acontecerá em relação ao nacionalismo: "O nacionalismo pode ser desarmado e modernizado como a religião". Assim como pode ser domesticado e privatizado: "Os franceses continuam a saborear os vinhos e os alemães, as linguiças, mas tudo isso é feito somente na esfera da vida privada".[23]

Fukuyama, assim como seu mentor, Hegel, tem uma longa perspectiva. No longo prazo, o nacionalismo não tem "importância universal". É um pequeno ponto no panorama da história, uma história que chegou ao fim sem que as vítimas tomassem conhecimento.

Certa vez, Lionel Trilling escreveu sobre os historiadores que se orgulhavam de ter uma "visão de longo prazo", que, "'a longa perspectiva' é a visão histórica mais falsa de todas"; vistos de uma distância adequada, "o cadáver e os membros retalhados não são tão terríveis e, por fim, até chegam a compor um 'padrão significativo'".[24] Essas palavras foram escritas há mais de cinquenta anos, quando muitos *liberals* cultos e sofisticados estavam adotando uma "longa perspectiva" para divisar o nazismo e o comunismo, considerando o nazismo

---

[23] Idem, ibidem, p. 271 (versão em inglês). Há quase meio século, Hans Kohn traçou semelhante paralelo entre religião e nacionalismo. As guerras religiosas e o Iluminismo, escreveu, levaram à "despolitização da religião", à separação da ligação entre religião e Estado, e ao recolhimento da religião para a consciência individual. Semelhante "despolitização da nacionalidade", agora, é concebível. "Ela [nacionalidade] pode perder a conexão com a organização política, e pode permanecer um sentimento íntimo e comovente. Se e quando tal dia chegar, de qualquer maneira, a era do nacionalismo, no sentido em que hoje é tomado, será passado". (Hans Kohn, *The Idea of Nationalism: A Study in Its Origins and Background*, New York, 1944, p. 23-24.)

[24] Lionel Trilling, "Tacitus Now" (1942), *The Liberal Imagination: Essays on Literature and Society*, New York, 1950, p. 201.

como uma excrescência horrenda, porém efêmera, na face da história e o comunismo como um ideal maculado por uma mancha disforme, mas felizmente temporária, como a acne nos adolescentes, que desapareceria com a maturidade. Ambas as anomalias, como os *liberals* na ocasião acreditavam, agora foram vencidas, após exigirem um preço em mortes e sofrimento que desafia os cálculos e até mesmo a compreensão. Muitos ainda têm de entrar em acordo com um significado mais amplo, mais "universal" desse fenômeno – não com o nazismo e o comunismo em si, mas com a "imaginação liberal" que não pode vê-los por aquilo que foram por ser uma visão da natureza humana demasiado culta, racional, progressista e, por fim, imensamente limitada.

É essa visão de natureza humana que torna difícil acreditar que nacionalismo e religião, numa ou noutra forma, num ou noutro grau, para o bem e para o mal, estarão conosco em um futuro previsível. (Talvez, não até o fim da história, pois alguns de nós não têm imaginação suficiente para conceber tal fim.) E é essa mesma visão de natureza humana que torna difícil distinguir os vários graus e formas do nacionalismo e lançar um juízo sobre elas.

* * *

A imaginação liberal nem sempre foi restrita. No auge do chamado "nacionalismo liberal" – o nacionalismo de libertação e não de dominação – o preeminente liberal, John Stuart Mill, fez tais distinções e juízos. Mill foi o grande defensor do nacionalismo, que via como corolário do liberalismo e da democracia. "Quando existe um sentimento de nacionalidade com qualquer intensidade, verifica-se um caso *prima facie* para unir todos os membros da nacionalidade sob o mesmo governo, à parte para eles. Tal afirmativa importa em dizer que a questão de governo deve decidir-se pelos governados."[25] O desejo por unidade e independência, contudo, pode ser satisfeito somente em condições

---

[25] J. S. Mill. *O Governo Representativo*, trad. E. Jacy Monteiro, São Paulo, IBRASA, 1983, cap. XVI, p. 199. (N. T.)

específicas: o país tem de estar "maduro para instituições livres";[26] não podem existir "obstáculos geográficos"[27] à unidade (como na Hungria, por exemplo, onde diferentes nacionalidades estavam tão misturadas que tiveram de "se conformar em viver juntas sob direitos e leis iguais");[28] e os povos tiverem chegado a uma "consideração mais puramente moral e social"[29] – quando tiverem alcançado um nível de civilização que torne vantajoso para eles ser independente. O último critério desqualifica aqueles povos inferiores, a "porção [...] mais atrasada"[30] (tais como os bretões e bascos, galeses e habitantes da Alta Escócia), que vivem entre povos altamente civilizados e cultos e que deveriam estar satisfeitos de serem assimilados por tais nacionalidades superiores.[31]

Os três pontos de Mill foram posteriormente substituídos pelos catorze pontos de Woodrow Wilson e um princípio condicional de nacionalidade por um "direito" incondicional de "autodeterminação". O resultado foi uma insuficiência catastrófica de imaginação e sinceridade políticas – uma incapacidade de pensar e falar realisticamente a respeito de povos e nações, sobre o que devem almejar e o que são capazes de alcançar, sobre sua determinação e capacidade de possuir instituições livres, sobretudo, considerações últimas mais morais e sociais, sobre o nível de civilização. É quase impossível hoje falar de civilizações superiores e inferiores, para não falar de povos inferiores e mais atrasados. É cada vez mais difícil falar candidamente das "instituições livres" necessárias para os que aspiram a autodeterminação, instituições

---

[26] Idem, ibidem, p. 199. (N. T.)

[27] Idem, ibidem, p. 201. (N. T.)

[28] Idem, ibidem, p. 201. (N. T.)

[29] Idem, ibidem, p. 202. (N. T.)

[30] Idem, ibidem, p. 202. (N. T.)

[31] A respeito de bretões e bascos, Mill é devastadoramente ingênuo. Como seria muito melhor ser assimilado por uma nacionalidade superior em vez de "ficar emburrado sobre os próprios rochedos, relíquia meio selvagem do passado, movendo na própria orbitazinha mental, sem participação ou interesse no movimento geral do mundo". [Idem, ibidem, p. 202. (N. T.)]

planejadas para assegurar a tolerância religiosa, a representação das minorias e o respeito pelas diferenças étnicas. Atualmente, tais condições são mais pertinentes do que nunca – certamente muito mais que na época de Mill – e, somos proibidos de discuti-las. Não podemos dizer o que se tornou dolorosamente óbvio: nem todos os países estão dispostos ou estão comprometidos com instituições livres. Nem todas as nacionalidades são dignas de respeito e de reconhecimento. Nem todos os povos têm um "direito" à independência e à autodeterminação. No mundo pós-Guerra Fria, como antes, não existe equivalência moral entre as nações – ou entre pretensas nações.

* * *

Essas são realidades paradoxais de nossa época. Num mundo internacional, o nacionalismo reina. E num mundo secular, a religião está viva e bem – e não só o tipo de religião que é vista como "fundamentalista", mas as religiões consagradas pelo tempo, que continuam a merecer respeito intelectual e piedosa devoção. Não há motivos para negar tais realidades, e temos todas as razões para admiti-las, se apenas formos realistas ao tentar melhorá-las e conciliá-las aos interesses de uma ordem humana, pacífica e civil.

Ser realista significa respeitar o poder e a paixão do nacionalismo mesmo quando tentamos mitigar os excessos. Há algo patético na tentativa de neutralizar um virulento nacionalismo com um internacionalismo insípido, ou de substituir uma "Comunidade Europeia" artificial e burocrática por nacionalidades históricas e orgânicas. Aqui devemos aprender uma lição com os Pais Fundadores, que, ao enfrentar um problema semelhante, buscaram a solução proporcional para o problema: "um remédio republicano", como expõe O Federalista, "para as doenças mais recorrentes em um governo republicano".[32]

---

[32] A. Hamilton, J. Madison, J. Jay, O Federalista, trad. Heitor Almeida Herrera, Brasília, Editora Universidade de Brasília, 1984, X, p. 154. (N. T.)

Assim, devemos ser inspirados a buscar um remédio nacionalista para as doenças mais recorrentes no nacionalismo – não a negação do nacionalismo em nome de um internacionalismo sintético, mas a afirmação de um nacionalismo "propriamente compreendido", como poderia ter dito Tocqueville: de tipo ocidental, cívico, aperfeiçoado por freios e contrapesos, governo representativo, liberdades civis e por um estado de direito (todos vindo a ser remédios republicanos para as doenças do republicanismo). Dentre tais remédios (como reconheceram tanto Tocqueville quanto os Pais Fundadores) está a própria religião – ou melhor, uma pluralidade de religiões, religiões que se toleram mutuamente e que não são meramente toleradas, mas respeitadas, e não tidas como uma questão privada, mas como parte integrante da vida pública.

Uma das amargas ironias da história é que neste momento, em que as novas nacionalidades estão se tornando mais agressivas e brutais, as antigas estejam se tornando mais hesitantes e passivas, relutantes em afirmar a legitimidade da própria modalidade de nacionalismo pacífico, muito menos para impugnar a legitimidade de modalidades tribais e despóticas que agora emergem. Durante a Segunda Guerra Mundial, George Orwell observou que somente na Inglaterra existiam intelectuais "envergonhados da própria nacionalidade".[33] Hoje isso pode ser dito dos intelectuais de todas as democracias liberais, que "desmistificam" e denigrem as próprias nacionalidades como "eurocêntricas", xenofóbicas e até mesmo racistas, enquanto, ao mesmo tempo, legitimam nacionalidades no Terceiro Mundo e em vários outros locais que são nitidamente nada liberais, desumanas e, quase sempre, racistas.

Os abusos mais escandalosos do nacionalismo, contudo, podem nos dar fundamentos para a esperança. Se não pudermos mais negar

---

[33] George Orwell, *The Lion and the Unicorn: Socialism and the English Genius* (1941), *The Collected Essays, Journalism and Letters of George Orwell*, eds. Sonia Orwell e Ian Angus, New York, 1968, II, 75.

a realidade do nacionalismo, nos encontraremos fazendo distinções e julgamentos congruentes com essa realidade. O espetáculo sangrento do nacionalismo na sua pior forma, um nacionalismo que degrada a religião e a si mesmo, pode nos ensinar a apreciar o melhor do nacionalismo, aquele mitigado e elevado pela religião, bem como por outros recursos da civilização.

Capítulo 6 | Para Onde Foram Todas as Notas de Rodapé?

Um historiador criado na antiga escola das notas de rodapé fica perplexo diante do número crescente de livros acadêmicos que não trazem sequer uma nota e que até se orgulham da falta de notações.[1] Como todos os lapsos morais, esse começou a descer ladeira abaixo quando relegaram as notas para o fim do livro, quando converteram

---

[1] Uma amostra de livros acadêmicos recentes que não trazem notas: Daniel Boorstin, *The Discoveres*, New York, 1983, e *The Creators*, New York, 1992; Simon Schama, *Citizens: A Chronicle of the French Revolution*, New York, 1989; F. M. L. Thompson, *The Rise of Respectable Society: A Social History of Victorian Britain 1830-1900*, Cambridge, Mass., 1988; Jose Harris, *Private Lives, Public Spirits: A Social History of Britain 1870-1914*, Oxford, 1993; G. E. Mingay, *The Transformation of Britain 1830-1939*, London, 1986; William Appleman Williams, *The Contours of America History*, Cleveland, 1961; Gordon A. Craig, *The Triumph of Liberalism: Zurich in the Golden Age 1839-1869*, New York, 1988; Arno J. Mayer, *Why Did the Heavens Not Darken? The "Final Solution" in History*, New York, 1988; Stanley Weintraub, *Long Day's Journey into War: December 7, 1941*, New York, 1991; Mary Frances Berry e John W. Blassingame, *Long Memory: The Black Experience in America*, New York, 1982; Peter Ackroyd, *Dickens*, New York, 1990; Michael Holroyd, *Bernard Shaw*, New York, 1988; Robert B. Asprey, *Frederick the Great: The Magnificent Enigma*, New York, 1986. Algumas dessas obras (as de Schama e Ackroyd, por exemplo) possuem ensaios bibliográficos, mas não notas específicas ou referências de páginas. Outras (como o de Asprey, por exemplo) possuem notas ocasionais citando o livro-fonte, mas não a página ou mesmo o capítulo.

notas de rodapé em notas de fim de texto. E, como em todos os lapsos, esse tinha um precedente venerável.

Foi em 1755, no *Discurso sobre a Origem da Desigualdade entre os Homens* (familiarmente conhecido como *Segundo Discurso*) que Jean-Jacques Rousseau anexou ao prefácio uma "Advertência sobre as Notas":

> Juntei algumas notas a este trabalho, de acordo com meu hábito preguiçoso de trabalhar em intervalos irregulares. Essas notas, por vezes, distanciam-se bastante do assunto e não servem, por isso, para serem lidas com o texto. Coloquei-as, pois, no fim do *Discurso*, no qual me esforcei por seguir, do melhor modo que pude, o caminho mais reto. Os que tiverem a coragem de recomeçar poderão distrair-se, na segunda vez, tentando percorrer as notas. Não terá importância que os outros não as leiam.[2]

As notas de Rousseau intrigaram os estudiosos que encontram nelas significados ocultos que não estão disponíveis no texto e interpretam a própria "Advertência", que professa diminuir a importância das notas, como um convite para que sejam lidas com maior cuidado e mais seriedade. (Um editor fez um anexo a essa advertência observando que Rousseau, em outro lugar, insiste que os livros devem ser lidos ao menos duas vezes, o que significa que as notas desse livro também devem ser lidas.[3]) Um leitor mais literal, no entanto, pode tomar a diretriz de Rousseau pelo que superficialmente diz, como uma justificativa para a prática comum nos dias de hoje de colocar as notas, quando elas ainda existem, ao fim dos livros.

---

[2] Jean-Jacques Rousseau, *Discurso sobre a Seguinte Questão, Proposta pela Academia de Dijon: Qual É a Origem da Desigualdade entre os Homens, e Ela É Autorizada pela Lei Natural?*, trad. Lourdes Santos Machado, São Paulo, Abril, 1973, p. 222. (Coleção *Os Pensadores*, vol. XXIV) (N. T.)

[3] A observação pode ser vista na seguinte edição em inglês: Jean-Jacques Rousseau, *The First and Second Discourses*, ed. Roger D. Masters, trad. Roger D. e Judith R. Masters, New York, 1964, p. 234, n. 18.

Em defesa de Rousseau, deve ser dito que suas notas são discursivas e reflexivas, e não bibliográficas ou comprobatórias. Se ele tinha uma estratégia esotérica, ao dizer uma coisa no texto e outra nas notas, esse é um privilégio de filósofo. Também é privilégio de filósofo ser um pensador, e não um acadêmico, sacando "recursos" internos que não são prontamente documentados, em vez de "fontes" externas existentes. Os historiadores, contudo, não podem exigir a mesma dispensa – ou, ao menos, não a tinham pedido até recentemente.[4]

De qualquer maneira, com o banimento das notas para o final do livro, elas perderam o honorável prestígio de notas de rodapé e incorporaram a posição de notas de fim. Os editores instigaram a prática, primeiramente, como uma medida econômica para reduzir os custos de tipografia. Com os novos processos mecanizados e computadorizados, isso não é mais algo que deva ser levado em conta. A prática, no entanto, tem se perpetuado por razões comerciais, para fazer com que livros acadêmicos pareçam mais acessíveis e, portanto, mais vendáveis. Os autores concordaram com isso, esperando atrair leitores inocentes ao esconder a parafernália acadêmica.

Na verdade, longe de se tornarem legíveis, os livros acadêmicos, dessa maneira, se tornaram menos acessíveis. Leitores não acadêmicos há muito tempo aprenderam a ignorar os sobrescritos no texto e as notas de rodapé em letras miúdas no fim da página. Os acadêmicos, que amam notas de rodapé (alguns preferem as notas de rodapé aos textos), e que continuam a ser o grosso dos leitores, ficam extremamente incomodados. Em vez de baixar os olhos para o fim da página e descobrir a fonte da citação (e, se tiverem sorte, um comentário

---

[4] Para um historiador da antiga escola, as notas de rodapé discursivas (como esta) são quase tão censuráveis quanto as notas de fim de texto (como as da edição norte-americana deste livro). O antigo princípio era: caso o comentário fosse relevante, deveria aparecer no texto; caso não fosse relevante, não deveria aparecer de modo algum. Esse ainda é um bom princípio, certamente para o novato e, provavelmente, para todos os historiadores. Afastar-se dele deve ser compreendido como puro deleite pessoal.

espirituoso feito pelo autor) e retornar ao texto sem saltos, agora são obrigados a ir ao fim do livro, interromper a leitura do texto e perder a linha em que tem de recomeçar. De fato, perdem o lugar em que estavam duas vezes, pois para localizar uma nota de fim de página tem de, primeiro, voltar às páginas do texto para ver qual é o número do capítulo, pois isso irá guiá-lo à página no final do livro que contém as notas de fim para o referido capítulo. Mesmo naquelas ocasiões raras (como na edição norte-americana deste livro) em que o editor providenciou cabeçalhos com o número das páginas do texto a que correspondem as notas, o livro necessita de dois marcadores, um para marcar o texto e outro, no final do livro, para as notas.

O desconforto físico do leitor é o menor dos males que resultam do deslocamento das notas de rodapé. O mais sério é o efeito desmoralizante no autor. Isso aparece, inicialmente, na atitude cavalheiresca para com a forma das citações. Com as notas relegadas à obscuridade, o autor é capaz de ser negligente com a configuração apropriada de informações vitais: autor (primeiro nome ou iniciais), título (do livro em itálico ou do artigo entre aspas), nome do editor ou tradutor (se necessário), local e data de publicação (e editor, se desejar, entre parênteses), número do volume (em algarismos romanos), número da página (em algarismos arábicos).[5]

---

[5] A autora descreve a notação científica segundo o que hoje é mais conhecido como Manual de Estilo de Chicago, adotado uniformemente nos Estados Unidos e noutros países de língua inglesa nas universidades e editoras. Por ser extremamente detalhado e preciso, também tem sido adotado por universidades estrangeiras, como no caso de algumas universidades portuguesas. A regra brasileira, por sua vez, segue os ditames da Associação Brasileira de Normas Técnicas (ABNT) para trabalhos acadêmicos. No entanto, como a notação brasileira é reformada com bastante frequência, nem sempre as universidades e editoras acadêmicas seguem a última versão, o que gera uma enorme diversidade de manuais de estilo e muita confusão. Ironicamente, a adoção de um modelo centralizado de uniformização acaba gerando múltiplas regras e incertezas quanto à verdadeira notação vigente no Brasil. (N. T.)

Isso, todavia, é apenas o começo da descida da ladeira, pois a indiferença à forma, inevitavelmente, engendra uma indiferença ao conteúdo. Ao violar as sequências corretas de pontuação e coisas do gênero, o autor é tentado a ser menos cuidadoso acerca de detalhes como acuracidade e relevância. É mais fácil fazer uma citação imperfeita ou incompleta, exibir a própria erudição (ou esconder a ignorância) no final do livro do que no fim da página, ao citar uma dúzia de fontes em vez de uma única fonte pertinente. E por tais pecadilhos a pessoa logo começa a desprezar qualquer tipo de nota até dispensá-las completamente.

* * *

A gravidade dessa situação só pode ser plenamente apreciada pelos sobreviventes da mais árdua escola de notação: a dos PhDs da Universidade de Chicago no vintênio 1940-1960. Os antigos PhDs de outras universidades, ao recordar as experiências de pós-graduação, tendem a ser obcecados com os exames orais, e relatam, com voz trêmula e memória perfeita, as questões cruéis e incomuns que lhes faziam os examinadores. Para os pós-graduandos de Chicago, essas lembranças traumáticas são ofuscadas pela formidável figura de Kate L. Turabian.

A senhorita Turabian (e até o mais irreverente de nós nunca se referiu a ela como Turabian, muito menos como Kate) não detinha uma cátedra professoral, mas ostentava o posto único e poderoso de "secretária de dissertação". Fora da universidade, é lembrada como a autora de vários manuais de dissertação, periódicos profissionais e de livros, todos muito reeditados (e revisados) sem quaisquer pretensões de honrarias acadêmicas.[6] No seu manual que estabelece tais regras

---

[6] Kate L. Turabian, *A Manual for Writers of Term Papers, Theses, and Dissertations*, Chicago, 1987. (A primeira edição, publicada em 1937, chamava-se *A Manual for Writers of Dissertations*.) O manual foi consideravelmente revisado ao longo dos anos, em geral, para alcançar um objetivo maior.

tão enigmáticas e invioláveis como a do autor, no rodapé, aparecer com seu nome próprio antes do sobrenome, visto que o oposto ocorre na bibliografia; ou a do título do livro ser sublinhado ou grafado em itálico, ao passo que o título de um artigo ou livro não publicado deve vir entre aspas e sem sublinhado ou itálico; ou ainda que a citação de uma ou duas orações *e* quatro ou mais linhas deve vir recuada e em entrelinha simples, enquanto a citação de uma oração de mais de quatro linhas ou a citação de duas ou mais orações menores que quatro linhas não possuem recuo ou entrelinha simples.

Em grande parte do mundo editorial, essas regras foram vistas como uma questão de conveniência e de convenção. Na Universidade de Chicago, na qual a própria senhorita Turabian as fazia cumprir pessoalmente, rejeitando com impiedade qualquer dissertação que delas se desviasse, tais regras eram uma questão da maior premência. Adquiriram, na verdade, certa mística. Um cínico poderia acreditar que fossem triviais e voluntariosas, superficiais ritos de iniciação na vida acadêmica, a parcela a ser paga à associação em troca de privilégios e prerrogativas de uma cátedra. Para o verdadeiro fiel, esses são artigos de fé a quem subscrever ingressar nessa profissão honrosa e exigente. Alguns desses artigos podem parecer arbitrários; mesmo um anglicano devoto pode recusar-se a seguir alguns dos "Trinta e nove artigos", ou um piedoso judeu recusar alguns dos 613 mandamentos de fé[7] – que é mais ou menos o número de regras no manual de estilo da senhorita

---

[7] Segundo a senhorita Turabian, números com menos de três dígitos devem ser escritos por extenso, ao passo que os de três ou mais dígitos aparecem em numerais, exceto quando os números menores estão muito próximos dos maiores, caso em que ambos serão grafados em numerais. (Em nenhuma circunstância uma oração pode iniciar com um numeral.) Nesse caso, "Trinta e nove artigos" é um substantivo próprio coletivo e não um simples número, portanto, está isento dessa regra.
Para um rigoroso intérprete das leis, colocar uma nota de rodapé no meio da oração é inapropriado. Nesse caso, o desvio de uma regra me parece justificado (contudo, nunca teria tomado tais liberdades nos velhos tempos).

Turabian. O cânone como um todo, no entanto, tem a qualidade e a autoridade de uma aliança. Ou, melhor, estabelece duas alianças: a primeira entre os próprios acadêmicos, membros de uma clerezia,[8] unindo-os num credo comum; a segunda entre os intelectuais e os leigos, autores e leitores, e serve como garantia de ortodoxia e retidão.

Para os de mentalidade menos religiosa, as regras que regem as notas de rodapé (a existência das notas de rodapé está fora de questão) eram uma garantia, se não de retidão, pelo menos de responsabilidade. Igualmente ainda o são para o historiador tradicional. Elas são criadas para permitir ao leitor conferir as fontes, fatos, citações, inferências e generalizações do autor. Essa é razão das notas que, do contrário, poderiam parecer arbitrárias. Ao prescrever a forma e sequência exata da citação, elas não somente facilitam o leitor localizá-las e conferi-las, mas também encoraja o autor a ser mais meticuloso ao apresentar a citação e mais responsável ao derivar conclusões. É por isso que uma bibliografia comentada não substitui as notas de rodapé; pode atestar a erudição do autor, mas não oferece os meios de verificação. Esse também é o motivo de as notas de fim de texto serem menos satisfatórias que as notas de rodapé; longe do corpo do texto, as citações tendem a ser menos precisas e menos pertinentes.

Até mesmo o mais zeloso autor de notas de rodapé admitirá que tais notas são apenas uma garantia parcial da integridade e responsabilidade do autor. Elas tornam possível determinar se a citação foi transcrita com precisão e se a fonte contém os fatos que lhe são atribuídos, mas não se a citação ou a fonte estão corretas, se são adequados ou relevantes. Tornam, no entanto, mais fácil para o leitor diligente julgar

---

[8] No original, *clerisy*. A palavra foi cunhada por Coleridge na obra *A Constitution of Church and State* (1830) para designar uma classe de pessoas letradas e de boa formação, clérigos e leigos, mais ou menos integradas ao Estado, responsáveis pela preservação e disseminação do patrimônio nacional e dos valores daquela sociedade. Hoje, a palavra é utilizada como sinônimo de classe de intelectuais ou de literatos. (N. T.)

a acuracidade, a adequação e a relevância da citação, e torna mais difícil para os autores (não impossível, pois autores são notavelmente engenhosos e não excepcionalmente escrupulosos) distorcerem a fonte ou desviarem-se para muito longe. Se as notas de rodapé não chegam a incutir o temor de Deus nos acadêmicos, ao menos os tornam mais tementes dos colegas sem consideração e confiança que conferem as citações que fazem e realmente leem as fontes citadas.

* * *

As explicações oferecidas por historiadores que escolheram dispensar as notas (tanto as de rodapé como as de fim de texto) são variadas. Alguns não fazem menção alguma a isso, provavelmente com base no princípio de que um cavalheiro (ou acadêmico) nunca explica e nunca pede desculpas. Outros explicam, de maneira mais ou menos apologética. Vários deles invocam a figura do "leitor comum" que não quer ou precisa de notas e que por elas é distraído. É estranho encontrar esse tipo de explicação numa biografia detalhada de Frederico II, o Grande[9] ou numa história social da Grã-Bretanha vitoriana repleta de fatos e personagens – e mais estranho ainda é encontrar o autor acadêmico dessa história social referir-se de modo ridículo à documentação como "um desfile de imputações, exegeses e classificações que alguns leitores podem achar irritante e supérfluo".[10] Por causa do "leitor comum", Michael Holroyd omitiu as notas de uma biografia, em três volumes, de George Bernard Shaw; e por causa do leitor acadêmico, as ofereceu em um volume à parte, após o término de toda a obra – momento em que, anos depois, os leitores dos volumes anteriores, presumivelmente, poderiam voltar para descobrir as referências.[11] Daniel Boorstin desenvolveu um repositório ainda

---

[9] Robert B. Asprey, op. cit., p. 639.
[10] F. M. L. Thompson, op. cit., p. 10.
[11] Os volumes anteriores apareceram em 1988, 1989 e 1991. Um quarto volume, incluindo as notas, foi lançado em 1993.

mais inacessível para as notas de rodapé: um manuscrito anotado, em depósito na Biblioteca do Congresso Norte-Americano.[12] Poderíamos pensar que qualquer leitor de livros sobre esses assuntos, nessa altura, não ficaria desconcertado por notas discretamente postas no final de um livro – ou ainda mais discretamente, como muitas vezes é o caso hoje em dia, sem a presença de números sobrescritos.

Alguns autores conseguem inflar o caráter acadêmico de suas obras enquanto justificam a ausência do material acadêmico. Um deles explica que suas fontes são tão vastas que citar todas seria algo "nada prático";[13] outro diz que suas fontes são em grande parte em língua estrangeira e de lugares demasiado remotos ou recônditos para os leitores nos Estados Unidos.[14] Outros ainda aviltam as convenções da academia ao professar um sentido mais exaltado de vocação histórica – e um sentido mais grandioso de si mesmos como acadêmicos irrepreensíveis e sem necessidade de provar suas credenciais por meios tão insignificantes quanto a citação de suas fontes. Arno Mayer, ao escrever um livro altamente controverso e não muito documentado sobre o Holocausto, disse a um entrevistador que as notas de rodapé "são um fetiche que muitas vezes interfere na intelecção cuidadosa e na ruminação".[15] Outro historiador revisionista, William Appleman Williams, acha as notas de rodapé e as bibliografias "piadas de mau gosto" para um livro "dessa natureza", uma vez que a fonte de qualquer citação não faz sentido a não ser em relação a todo o restante da documentação e ao "processo de reflexão" do autor. Caso o leitor confie no autor porque a fonte da citação é mencionada, Williams não vê motivos para o leitor desconfiar dele, por não citar. A "História", conclui com arrogância,

---

[12] Daniel Boorstin, *The Discoverers*, p. 685.

[13] Weintraub, p. 668.

[14] Asprey, p. 639-40.

[15] Lucy S. Dawidowicz, *What Is the Use of Jewish History?*, ed. Neal Kozodoy, New York, 1992, p. 123.

"não é simplesmente a soma total das notas de rodapé".[16] Esse argumento, de que o historiador não precisa provar-se para o leitor, ganha significado especial no contexto do "multiculturalismo". Os coautores de um livro sobre os indígenas norte-americanos acham a própria ideia de nota de rodapé aviltante: "É nossa cultura e história e não precisamos prová-la para ninguém em rodapés".[17] [18]

* * *

Até agora a maioria dos historiadores resistiu a essas razões, ostensivamente entusiasmadas e automáticas, para dispensar as notas de rodapé. Podem prestar suas homenagens aos ídolos do mercado, concordando com as notas de fim e não nos rodapés, se distanciando, ocasionalmente, do estrito regime da senhorita Turabian. Observam, no entanto, os princípios e práticas da documentação, por respeito tanto aos leitores como às convenções do próprio ofício.

Deus, dizem, encontra-se nos detalhes. (Uma versão corrompida, que rejeito ardentemente, diz que o diabo está presente nos detalhes.) Espero que não seja sacrilégio sugerir que o academicismo também reside nos detalhes. As notas de rodapé podem parecer um detalhe ínfimo num trabalho de história, no entanto, levam consigo uma grande carga de responsabilidade, ao atestar a validade da obra, a integridade (e humildade) do historiador e a dignidade da disciplina.

---

[16] Williams, p. 491.

[17] Wilcomb E. Washburn, citando a introdução a Allen P. Slickpoo, Sr. e Dewar E. Walker, Jr. *Noon Nee-Me-Poo* (1973) em *Idahoo Yesterdays: The Quarterly Journal of the Idahoo Historical Society*, 1974, p. 30.

[18] Depois de tais observações de menosprezo feitas por historiadores profissionais, é interessante ler a experiência de Alan Watkins, um jornalista inglês, cujo respeito à moda antiga pela História o levou a se dar ao trabalho de documentar o próprio livro sobre Margaret Thatcher, só para ouvir de alguns resenhistas que as notas de rodapé eram "irritantes" e "pedantes". [Alan Watkins, "Diary", *The Spectator*, 2 maio 1992, p. 7.]

Capítulo 7 | A História Pós-Moderna

Para o historiador, bem como para o filósofo, a desavença entre antigos e modernos está sendo superada pelo desentendimento entre modernos e pós-modernos. Se o grande princípio subversivo da modernidade é o historicismo – uma forma de relativismo que situa o significado das ideias e acontecimentos com tanta rigidez no contexto histórico que a história, e não a filosofia e a natureza, se torna o árbitro da verdade –, o pós-modernismo agora nos enfrenta com uma forma de relativismo ainda mais subversiva, um relativismo tão radical, tão absoluto, como se fosse a antítese tanto da História como da verdade.[1] O pós-modernismo nega não só as verdades supra-históricas, mas verdades históricas, verdades relativas a determinadas épocas e lugares. E essa negativa tem como consequência o repúdio do empreendimento histórico da maneira como tem sido compreendido e praticado até há bem pouco tempo.

O pós-modernismo (ou pós-estruturalismo – os termos hoje são usados indistintamente – ou "pomo" como é familiarmente chamado nos círculos acadêmicos e redes de computadores) é mais conhecido como uma escola de teoria literária. Está se tornando extremamente proeminente, no entanto, em outras disciplinas como História, Filosofia, Antropologia, Direito e Teologia (e na Arquitetura, onde possui

---

[1] "História", nesse contexto, refere-se aos escritos sobre o passado e não ao próprio passado.

um significado mais especializado). Seus antepassados são Nietzsche e Heidegger, os pais, Derrida e Foucault, e o fato desses últimos terem brigado vigorosamente entre si não diminui o entusiasmo dos discípulos, que os percebem igualmente convenientes e compatíveis. De Jacques Derrida, o pós-modernismo tomou emprestado o vocabulário e os conceitos básicos de "desconstrução": a "aporia" do discurso, a indeterminação e contrariedade da linguagem, a natureza "fictícia" e "dúplice" dos signos e símbolos, a dissociação das palavras da suposta realidade. De Michel Foucault, adotou a ideia de poder: a "estrutura de poder" imanente não só à linguagem – palavras e ideias que "privilegiam" os grupos "hegemônicos" na sociedade – mas à própria natureza do conhecimento, que é, em si mesmo, um instrumento e produto do poder. O efeito combinado dessas doutrinas impugna o discurso racional tradicional como "logocêntrico", "falocêntrico", "totalizante", "autoritário".[2]

Na literatura, o pós-modernismo equivale a uma negação da imutabilidade de qualquer "texto", da autoridade do autor sobre a do intérprete, de qualquer "cânone" que privilegie grandes livros em detrimento de livros menores. Na filosofia, é a negação da imutabilidade da linguagem, de qualquer correspondência entre linguagem e realidade

---

[2] Essa descrição de pós-modernismo por um pós-moderno pode ser lida como uma paródia, mas também é bastante típica do gênero:
(...) indeterminação e imanência; simulacros onipresentes, pseudoevidentes; uma falta de maestria consciente, leveza e evanescência em todos os lugares; uma nova temporalidade, ou melhor, intemporalidade, um senso policrônico de história; uma abordagem do conhecimento e da autoridade, transgressiva ou desconstrutiva, composta de remendos ou lúdica; a consciência do momento, fantástica, reflexiva, paródica, irônica; a virada linguística, imperativo semiótico na cultura; e, na sociedade, geralmente, a violência dos desejos locais misturados numa terminologia de sedução e força. [Ihab Hassan, *The Postmodern Turn: Essays in Postmodern Theory and Culture*, citado, sem ironia, por Gabrielle M. Spiegel, "History and Post-Modernism", *Past and Present*, maio 1992, p. 194, n. 3.]

– na verdade, de qualquer realidade "essencial" e, portanto, de qualquer verdade imediata acerca da realidade. No direito (nos Estados Unidos, ao menos) é a negação da imutabilidade da Constituição, da autoridade dos Fundadores da Constituição e da própria legitimidade da lei, que é vista como nada mais que um instrumento de poder. Na história é a negação da imutabilidade do passado, da realidade do passado para além do que o historiador escolhe fazer dele, e, assim, a negação de qualquer verdade objetiva sobre o passado.

* * *

A história pós-modernista, poderíamos dizer, não reconhece nenhum princípio de realidade, somente o princípio do prazer – a história ao prazer do historiador. Para apreciar o significado pleno, devemos apreciá-la na perspectiva do que pode ser chamado de História "modernista", conhecida agora como história "tradicional".

A história modernista não é positivista, no sentido de desejar uma verdade imutável, total ou absoluta a respeito do passado. Assim como a história pós-modernista, é relativista, mas com uma diferença: seu relativismo está firmemente enraizado na realidade. É cética com relação à verdade absoluta, mas não com relação a verdades parciais, contingentes, incrementais. Mais importante: não nega a realidade do próprio passado. Assim como o filósofo político a transforma em princípio para ler as obras da Antiguidade no espírito antigo, no mesmo espírito o historiador modernista lê e escreve a história, com um respeito escrupuloso pela historicidade, pela integridade, pela atualidade do passado. Esforça-se com afinco para entrar nas mentes e nas experiências dos povos do passado; para tentar entendê-los como eles mesmos se viam; para confiar, o mais possível, nos indícios contemporâneos; para introduzir o menos possível os próprios pontos de vista e suposições; para reconstruir, da melhor forma possível, o passado "tal como realmente foi", para usar a célebre expressão, hoje muito ridicularizada, de Leopold von Hanke.

Assim como a Literatura e a Arte modernistas, a História modernista é uma disciplina exigente, requer grande treino da moderação, e até o autossacrifício. O maior dos poetas modernistas, T. S. Eliot, certa feita, disse: "O progresso de um artista é o contínuo autossacrifício, uma extinção prolongada da personalidade".[3] O mesmo ocorre com o historiador, que constantemente empenha-se em transcender o próprio presente para recapturar o passado, para suprimir a própria personalidade para dar vida a gerações há muito falecidas. O autossacrifício é ainda maior porque o historiador está bastante ciente de que seu esforço nunca será totalmente bem-sucedido, que o passado sempre irá, em alguma situação, iludi-lo.

Os historiadores antigos e modernos sempre souberam aquilo que o pós-modernismo professa ter acabado de descobrir – que qualquer obra histórica está vulnerável em três pontos: na falibilidade e deficiência do registro histórico no qual está baseada; na falibilidade e seletividade inerente à escrita da história; e na falibilidade e subjetividade do historiador. Desde que os historiadores refletiram a respeito do ofício, sabem que o passado não pode ser retomado na totalidade, mesmo porque os vestígios do passado são incompletos e são, eles mesmos, parte do presente, de modo que o próprio passado é, nesse sentido, irremediavelmente presente. Também sabiam que a escrita da história necessariamente pressupõe seleção e interpretação, que há uma distorção inevitável na própria tentativa de apresentar um relato coerente de um passado muitas vezes imperfeito, e, por isso, cada obra histórica é necessariamente imperfeita, experimental e parcial (nos dois sentidos da palavra).

Os historiadores também sabiam – teriam de ser extraordinariamente obtusos caso não soubessem – que eles mesmos viviam e agiam em um presente, que algumas das suposições que traziam para

---

[3] T. S. Eliot, "Tradition and Individual Talent" (1917), *Selected Essays 1917-1932*, New York, 1932, p. 7.

a História derivavam e eram peculiares da própria cultura em que viviam, que outras poderiam refletir uma determinada raça, gênero ou classe a que pertencessem, e que outras ainda emanavam de ideias e crenças que eram exclusivamente deles como indivíduos. Carl Becker não demorou a descobrir, em 1931, que "Cada homem [é] seu próprio historiador";[4] ou Charles Beard, em 1934, a revelar que "cada historiador que escreve a história é produto de sua própria época".[5] Beard assinala que essas proposições eram familiares "há um século ou mais" – antecipando, assim, até mesmo Marx. Quarenta anos antes de Beard proferir seu discurso na American Historical Association, William Sloane, professor de História na Universidade de Columbia, lançava o primeiro número da *American Historical Review* com um artigo principal que dizia: "A História não permanecerá escrita. Cada época precisa de uma história escrita de seu próprio ponto de vista – com referência às próprias condições sociais, pensamento, crenças e aquisições – e, dessa maneira, compreensível para os homens que nela vivem".[6]

Para os historiadores é útil ser lembrado daquilo que sempre souberam – a fragilidade, a falibilidade e a relatividade do empreendimento histórico – se não somente para perceber que essas ideias não são grandes descobertas do pós-modernismo. A suposição do pós-modernismo é a de que toda a história é fatalmente falha, e isso porque não existe verdade total, absoluta, e não podem existir verdades parciais, contingentes. Mais importante ainda é a suposição de que, porque é impossível alcançar tais verdades, não só é inútil, mas nitidamente pernicioso aspirar a tais coisas.

* * *

---

[4] No original: "*Everyman* [is] *his own historian*". (N. T.). Esse é o título do livro de Becker publicado naquele ano. Vinte anos antes Becker teria defendido o mesmo ponto em um artigo na *The Atlantic Monthly*.

[5] J. H. Hexter, *On Historians*, Cambridge, Mass., 1979, p. 16-17.

[6] John Higham, *History*, Englewood, N.J., 1965, p. 90.

Em certo sentido, o modernismo previu e tentou evitar o relativismo absolutista do pós-modernismo ao criar uma "disciplina" da História. Consciente das deficiências tanto do historiador quanto do relato histórico, vivamente consciente da relação ambígua entre passado e presente, a profissão criou uma disciplina de freios e contrapesos, projetados para compensar tais deficiências. Esse é o significado da revolução histórica que se inspirou em fontes tão diversas como o racionalismo iluminista, a ilustração alemã e o profissionalismo acadêmico para produzir o que certa vez foi chamado de "história crítica".[7]

A história crítica privilegia a pesquisa de arquivos e de fontes primárias, a autenticidade dos documentos e a confiabilidade dos testemunhos e a necessidade de obter indícios fundamentados e contrabalançados; e, num nível mais terreno, a precisão do texto e das citações, a forma prescrita de documentação em notas de rodapé e bibliografia, e toda a "metodologia" restante adotada pelo "cânone dos indícios". O propósito dessa metodologia é duplo: trazer à superfície a infraestrutura, por assim dizer, da obra histórica, tornando-a, assim, acessível ao leitor e expondo-a à crítica; e encorajar o historiador a um esforço de objetividade máxima, apesar de todas as tentações do contrário. Os pós-modernistas escarnecem desse objetivo como um remanescente antiquado do positivismo do século XIX. Isso, no entanto, foi a norma da profissão até bem recentemente. "Ninguém", escreveu o historiador norte-americano John Higham, "nem mesmo os historiadores 'literários', rejeitou o ideal de objetividade no sentido comum de uma verdade imparcial; ninguém abandonou o esforço de

---

[7] Esse é um sentido muito diferente do senso "crítico" de história de Nietzsche – uma história ao "serviço da vida", em oposição à história "monumental", que celebra um passado mítico, e a uma história de "antiquário", que é puro pedantismo. Também difere do uso recente de "crítico", como na "Teoria Crítica do Direito", que é um cruzamento de desconstrução e marxismo. O sentido original de "história crítica" é exatamente o oposto – uma tentativa de ser tão rigoroso, preciso, objetivo e acadêmico quanto possível.

alcançá-la; e ninguém achava isso totalmente inacessível."[8] Isso foi em 1965, bem depois de Becker e Beard terem "relativizado" a história, mas antes de Foucault e Derrida terem-na "pós-modernizado".

Nesse ponto repousa a distinção crucial entre modernismo e pós-modernismo, entre o antigo relativismo relativista, poderíamos dizer, e a nova versão absolutista. Onde o modernismo tolera o relativismo, o pós-modernismo o celebra. Onde o modernismo, ciente dos obstáculos no caminho da objetividade, considera isso como um desafio e faz um esforço vigoroso para obter tanta objetividade e verdade imparcial quanto possível, o pós-modernismo toma a rejeição da verdade absoluta como uma libertação de toda a verdade e da obrigação de manter qualquer grau de objetividade.

Da perspectiva pós-modernista, a história modernista é tão sem sentido crítico quanto a história que professa transcender – tão mítica e honorífica como a história "monumental" de Nietzsche. Isso é tanto mais espúrio porque esconde a estrutura ideológica por trás da fachada acadêmica de notas de rodapé e "fatos" (entre aspas, no léxico pós-moderno). Para "desmitizar" ou "desmistificar" essa história, o pós-modernismo tem de expor não só sua ideologia – os interesses patriarcais, privilegiados, hegemônicos servidos por essa história – mas também sua metodologia, o aparato acadêmico que lhe dá uma credibilidade especiosa. Essa é a agenda dupla do pós-modernismo: libertar a história dos grilhões de uma ideologia autoritária e libertá-la dos constrangimentos de uma metodologia ilusória. O fim último é ainda mais ambicioso: libertar-nos de todas as ideias coercitivas de verdade e realidade.

Esse não é o tipo familiar de revisionismo histórico que revê ou reinterpreta um determinado acontecimento de um evento ou período particulares. Vai muito além disso, pois é profundamente cético, até mesmo cínico, a respeito de toda a história tradicional – suas hipóteses

---

[8] John Higham, *History*, Englewood, N.J., 1965, p. 90.

e intenções, métodos e conclusões. Nem é tanto uma revisão da história modernista, mas um repúdio.

* * *

Theodore Zeldin foi um dos primeiros historiadores (salvo os filósofos da história) a lançar uma investida séria e embasada à história modernista. Essa história, alega – a narrativa histórica tradicional –, depende de conceitos "tirânicos" como causalidade, cronologia e coletividade (incluindo, posteriormente, classe, assim como nacionalidade). Para liberar a história desses limites, propôs uma nova história no modelo da pintura *pointilliste*, totalmente composta por pontos soltos. Isso teria a dúplice vantagem de emancipar o historiador das tiranias da disciplina e emancipar o leitor da tirania do historiador, visto que o leitor estaria livre para criar "o curso que achar apropriado para si próprio".[9] [10] Mais recentemente, Zeldin foi tão longe no caminho da libertação a ponto de libertar-se da própria história, dessa vez invocando o modelo literário. "A história livre", crê agora, somente pode assumir a forma de ficção[11] – como prova, escreveu um romance chamado *Happiness* [Felicidade].

Nem todos os pós-modernos vão tão longe quanto Zeldin ao buscar a libertação suprema da história, mas todos partilham sua aversão às convenções e categorias da história tradicional. Seguindo os escritos de Derrida contra o "cronofonismo" (tempo histórico),

---

[9] Theodore Zeldin, "Social History and Total History", *Journal of Social History*, 1976, p. 242-44.

[10] Um historiador da arte encontra o mesmo "propósito democratizante" no pontilhista original, George Seurat, que diz ter tentado criar uma arte que seria "uma espécie de pintura pontilhada de excelente qualidade, democraticamente orientada, que eliminaria o papel do gênio, da figura de excepcional criatividade, na confecção da arte e mesmo na 'grande arte'". [Linda Nochlin, *The Politics of Vision: Essays on Nineteenth-Century Art and Society*, New York, 1989, p. 182.]

[11] Zeldin, *London Review of Books*, 1 set. 1988.

Dominick LaCapra desconstruiu a cronologia histórica ao explicar que até mesmo o simples fato da data de um acontecimento depende daquilo "que para alguns historiadores é uma crença e para outros uma ficção conveniente: o significado decisivo do nascimento de Cristo estabelecer uma cronologia em termos de 'antes' e 'depois'".[12] [13] Um historiador menos sofisticado deve observar que essa questão não é o que alguns historiadores costumam acreditar, mas aquilo que os contemporâneos, na época, acreditavam. Os pós-modernos, entretanto, por adotarem o ceticismo diante da autoridade dos contemporâneos como de todas as outras autoridades, não são persuadidos por um argumento tão prosaico.

* * *

A história narrativa – "narratividade", como dizem os pós-modernos – é a primeira culpada, não porque conta com convenções arbitrárias, tais como cronologia, causalidade e coletividade, mas porque também assume a forma de uma estrutura de discurso lógica, ordenada que presumivelmente corresponde, ao menos em alguma medida, à realidade do passado, e, assim, comunica, novamente em determinada medida, uma verdade a respeito do passado. Essa é a ilusão que os pós-modernos buscam expor: a de que as narrativas da história nada mais são que criações retóricas, literárias e estéticas do historiador.

A "estetização" da história é mais evidente na obra do principal filósofo pós-moderno da história. Hayden White. Para o historiador tradicional, esse tipo de filosofia da história parece ser mais

---

[12] Dominick LaCapra, "Rethinking Intellectual History and Reading Texts", em LaCapra e Steven L. Kaplan, eds., *Modern European Intellectual History: Reappraisals and New Perspectives*, Ithaca, N.Y., 1982, p. 78.

[13] Por esse raciocínio, um historiador judeu estaria justificado ao datar a queda da Bastilha em 20 de Tammuz, 5549, o que estaria certo; no entanto, o historiador tradicional poderia dizer ser irrelevante e profundamente a-histórico.

filosófico que histórico e mais literário que filosófico. Dessa maneira, um dos ensaios de White, chamado "O Texto Histórico como Artefato Literário"[14] e um dos capítulos da sua obra mais influente, *Metahistory*,[15] é chamado de "A Poética da História". Esse prefácio de *Metahistory* explica que cada um dos sujeitos, de Hegel a Benedetto Croce, representa um determinado aspecto da "imaginação histórica": metáfora, metonímia, sinédoque e ironia.[16] [17]

Para White, como para os pós-modernos em geral, não existe distinção entre história ou filosofia, ou entre história e literatura – ou entre história e "anti-história", e por isso podemos descrever o estudo psicoanalítico *Life Against Death* [Vida contra Morte] como uma obra brilhante de "anti-história" e, então, insistir que seu autor, Norman O. Brown, seja certamente digno de ser considerado um "historiador sério".[18] Toda a história, nessa perspectiva, é estética e filosófica, seu único significado ou "realidade" (novamente entre aspas) que existe é o que o historiador escolhe dar segundo sua própria sensibilidade e disposição. O que o historiador tradicional vê como um acontecimento que realmente ocorreu no passado, o pós-moderno vê como um "texto" que existe somente no presente – um texto a ser analisado, glosado, interpretado pelo historiador, assim como um poema ou um romance são tomados pelo crítico. E, como qualquer

---

[14] Hayden White, *Trópicos do Discurso: Ensaios sobre a Crítica da Cultura*, trad. Alípio Correia de França Neto, São Paulo, Editora da Universidade de São Paulo, 2001, p. 97-116. (N. T.)

[15] Lançado no Brasil como *Meta-história: A Imaginação Histórica no Século XIX*, trad. José Laurênio de Melo, São Paulo, Editora da Universidade de São Paulo, 1995. (N. T.)

[16] Idem, ibidem, p. 12. (N. T.)

[17] White não cunhou o termo "meta-história", mas conferiu-lhe a presente conotação e é responsável pela disseminação do uso. Foi utilizado anteriormente no sentido de história mítica em vez de uma filosofia ou teoria da história.

[18] Hayden White, "O Fardo da História", *Trópicos do Discurso*, op. cit., p. 39.

texto literário, o texto histórico é indeterminado e contraditório, paradoxal e irônico, retórico e metafórico.

Na história pós-moderna, assim como na crítica literária pós-moderna, a teoria se tornou um ofício em si mesmo. Da mesma maneira como temos professores de literatura que nunca se envolvem na interpretação real de obras literárias – e até mesmo desdenham das interpretações como uma vocação inferior – igualmente, existem professores de história (a julgar, ao menos, pelos trabalhos publicados) que nunca pesquisaram ou escreveram sobre um acontecimento ou período histórico real. Suas carreiras profissionais são dedicadas à especulação a respeito da teoria ou filosofia da história – "meta-história" – e para promover ativamente determinada metodologia ou ideologia da história.

Não são apenas os meta-historiadores que rejeitam tais noções ingênuas como realidade e verdade. Cada vez mais historiadores praticantes estão começando a partilhar essa postura, quase involuntariamente, por reflexo. Um ensaio num número recente da *American Historical Review* observa, casualmente, que, apesar "[d]os historiadores contemporâneos quase não acreditarem mais que podem ou devem tentar apreender a 'verdade'", isso não os livra de proferir um julgamento a respeito de seus temas. Em apoio a essa proposição, o autor cita um presidente anterior da American Historical Association, Gordon Wright, que tomara como credo que "nossa busca pela verdade deve ser impregnada de maneira consciente por um compromisso com alguns valores humanos profundamente arraigados".[19] A citação, na verdade, é contra a tese desse artigo, pois Wright considerou esse compromisso com os valores humanos como parte de nossa "busca pela verdade". A diferença, no entanto, é que em 1975

---

[19] Michael Kazin, "The Grass-Roots Right: New Histories of U.S. Conservatism in the Twentieth Century", *American Historical Review*, 1992, p. 155 (a citação sobre "valores humanos" é do discurso presidencial de Gordon Wright, ibid, 1976, p. 81).

ainda era possível falar respeitosamente de busca pela verdade – e, de fato, falar da verdade sem o uso irônico das aspas.

* * *

O desdém pela verdade, não só como o supremo princípio filosófico, mas como regra prática e diretriz do saber histórico, é extraordinariamente ilustrado na controvérsia sobre o livro de David Abraham sobre a República de Weimar.[20] A obra foi criticada por alguns historiadores importantes por estar repleta de erros – citações errôneas, trocadas e deduções sem comprovação nas fontes – e defendida por um grupo igualmente ilustre de historiadores, que se pôs ao lado do autor.[21] A primeira linha de defesa foi impugnar os motivos políticos e pessoais das críticas, sugerindo que estavam realmente objetando à tese marxista do livro em vez de se oporem ao conhecimento falho e de que estavam ressentidos por um novato ousar invadir o território deles.[22] A segunda linha de defesa era desmerecer a seriedade dos erros e os padrões acadêmicos pelos quais tanto foi feito. Um historiador descreveu os erros como falhas inocentes de transcrição, tais como ocorrem em qualquer pesquisa de arquivos e que são típicas da "desordem geral da vida".[23] Outro disse que os erros, apesar de "flagrantes e imperdoáveis", não afetavam a "configuração histórica" ou a "lógica interpretativa" do livro.[24]

Em um artigo chamado "'Fatos' e História", Thomas Bender voltou a discussão contra os críticos de Abraham, repreendendo-os por

---

[20] David Abraham, *The Collapse of the Weimar Republic: Political Economy and Crisis*, Princeton, 1981.

[21] Ver capítulo I do presente livro ("Ao Sondar o Abismo") para a discussão de outro aspecto do caso Abraham (nota 56).

[22] Arno J. Mayer, "A Letter to Henry Turner", *Radical History Review*, 1985, p. 85-86.

[23] Citado por Jon Wiener, "Footnotes to History", *The Nation*, 16 fev. 1985.

[24] Idem, ibidem, p. 182.

serem demasiado ingênuos e acreditarem na "certeza absoluta do fato histórico". Certamente, admite, os documentos devem ser "transcritos fielmente e citados de maneira apropriada", mas a verdadeira questão, nesse caso, como ele a viu, era a natureza da "imaginação histórica", que envolve um processo de "criação imaginativa" que vai muito além de documentos e fatos. "Os historiadores jovens", concluiu Bender, "nunca aprenderão o ofício, caso os mais velhos venham a ter fetiches por fatos."[25] [26]

* * *

Dizem que "casos extremos geram leis más". A história, muitas vezes, contudo, é feita de casos extremamente desagradáveis, e os métodos históricos são projetados para acomodá-los. Para todos os historiadores, tanto os tradicionais como os "neo", o caso mais extremo na história moderna, certamente, é o Holocausto. Isso é difícil, sobretudo, para os pós-modernos, que se deparam com a perspectiva de fazer com o Holocausto o mesmo que fazem com toda a história – relativizá-lo, problematizá-lo e, por fim, estetizá-lo e ficcionalizá-lo. Uma historiadora pós-moderna, Jane Caplan, levanta a problemática, somente para confessar que não pode resolvê-la.

> Para ser franca, o que de útil poderia ser dito a respeito do nacional-socialismo como ideologia ou como movimento político e regime por intermédio de teorias que parecem não fazer caso da racionalidade como um modo de explicação, que resistem às hipóteses de verdade, relativizam e disseminam o poder, não podem atribuir claramente responsabilidade e não privilegiam (uma) verdade ou moralidade diante da interpretação (múltipla)? (...) Uma coisa é abraçar o pós-estruturalismo e o pós-modernismo, disseminar o poder, descentrar sujeitos e,

---

[25] Thomas Bender, "'Facts' and History", *Radical History Review*, 1985, p. 81-83.

[26] O maior crítico de Abraham, Henry Turner, previra que ele mesmo seria acusado de ser um "factologista vulgar". [Henry Ashby Turner, Jr., *German Big Business and the Rise of Hitler*, Oxford, 1985, p. 357.]

no conjunto, deixar uma centena de significados competirem, quando a *Casa Desolada*, a filologia ou mesmo a arqueologia do conhecimento são a questão. Será que devemos, no entanto, deixar as regras da contenda serem diferentes quando se tratar de um problema, não simplesmente de História, mas da história recente de vidas, de mortes e de sofrimento e de um conceito de justiça que busca traçar algum significado entre elas?[27]

A dificuldade é agravada pela existência de uma escola de pensamento que relativiza, "desprivilegia", "descentraliza" e, de fato, desconstrói totalmente o Holocausto como se lhe fosse negada a própria existência. É essa tese "revisionista" que os pós-modernos querem evitar. Só poderão fazê-lo, todavia, por uma espécie de truque verbal, a especialidade deles – e isso, acima de tudo, é que tem criado problema.

Hayden White expõe o dilema e tenta resolvê-lo. Se todas as narrativas históricas ("modos de enredamento", no vocabulário pós-moderno) são artifícios retóricos, se nenhum modo pode ser julgado por ser mais "fiel" aos "fatos" que outro qualquer porque não existem "fatos" dos quais seja possível extrair "verdades", existe alguma base a partir da qual possamos escolher dentre os métodos alternativos? Poderíamos dizer, por exemplo, que o modo cômico ou o pastoral sejam "inaceitáveis" como "representações" do Holocausto? Existem quaisquer "limites" nos tipos de histórias que possam ser contadas "responsavelmente" a respeito do Holocausto? Pode haver tais limites. White argumenta, se apenas uma pessoa acreditar que os acontecimentos possuem algum significado "inerente", então existe alguma correspondência entre os "fatos" e o modo de enredamento. Uma vez que não seja esse o caso, uma vez que os modos cômico e pastoral, como outros quaisquer, são "figurativos" e não "literais", White conclui que não há limites aos tipos

---

[27] Jane Caplan, "Postmodernism, Post-Structuralism and Deconstruction: Notes for Historians", *Central European History*, set./dez. 1989, p. 274, 278.

de histórias que o historiador pode escolher contar e não existem fundamentos para rejeitar um ou outro modo.[28]

De fato, o modo cômico, ressalta White, é utilizado de maneira eficiente nas versões em quadrinhos do Holocausto, de maneira que os alemães são retratados como gatos, os judeus como ratos, e os poloneses como porcos. *Maus*[29] é uma história dentro da história: o autor tenta arrancar do pai a história das experiências da família durante o nazismo, bem como a do próprio Holocausto. E ambas as histórias são irônicas, e todas as personagens – não só os "perpetradores, as vítimas e os espectadores", mas também o pai e o filho – parecem mais animais, diz White, que seres humanos. O próprio White acha essa versão em quadrinhos do Holocausto "uma das narrativas mais comoventes" que conhece, "sobretudo porque apresenta a dificuldade de descobrir e relatar toda a verdade de uma parcela menor dos acontecimentos, e mesmo de uma parcela maior, cujo significado se busca descobrir".[30]

É típico do pós-moderno achar esse relato do Holocausto comovente, "sobretudo" porque torna o Holocausto tanto um problema meta-histórico como um acontecimento histórico – assim como é típico impressionar-se com esse tratamento irônico (e imparcial) do assunto, em que todos se assemelham a animais. O modo cômico-irônico é próprio do pós-modernismo porque tem o duplo efeito de converter a história em meta-história, distanciando, assim, o historiador

---

[28] Hayden White, "Historical Emplotment and the Problem of Truth", *Probing the Limits of Representation: Nazism and the "Final Solution"*, Saul Friedlander, ed., Cambridge, Mass., 1992, p. 37 ss.

[29] A obra *Maus: A Survivor's Tale* é considerada um clássico contemporâneo das histórias em quadrinhos. Foi publicada em duas partes, a primeira em 1986 e a segunda em 1991. Em 1992, a obra ganhou o prestigioso Prêmio Pulitzer de literatura. No Brasil, foi lançada integralmente na seguinte edição: Art Spiegelman, *Maus: A História de um Sobrevivente*, trad. Antonio de Macedo Soares, São Paulo, Cia. das Letras, 2005. (N. T.)

[30] Idem, ibidem, p. 41.

de qualquer coisa que se assemelhe à verdade ou realidade, e de desumanizar os sujeitos da história, transformando a história de disciplina humanista em crítica ao humanismo.

White, não obstante, está ansioso por diferenciar-se do historiador revisionista que, de maneira mais simplória e menos sarcástica, nega a verdade e a realidade do Holocausto. Acha a solução do dilema no conceito de "voz média" de Derrida. É essa "voz média", que não é passiva nem ativa, que pode expressar "algo como a relação com o acontecimento", algo como a "realidade" do Holocausto, sem recair na falácia do "realismo". E não só a realidade do Holocausto, mas toda "uma nova forma de realidade histórica", incluindo "a guerra total, a contaminação nuclear, a fome em massa e o suicídio ecológico".[31]

Essa tentativa de desconstruir (White nunca utiliza esse termo) o Holocausto sem negá-lo, de afirmar algo como uma "realidade" que não é a realidade, de tornar o Holocausto "único" e, ao mesmo tempo, parte de um fenômeno maior – tudo isso, obviamente, dá origem a muitos problemas. O historiador Martin Jay (que é mais marxista ou historicista que desconstrucionista) censura White por condescender com os próprios princípios: "No anseio de evitar ser incluído nas fileiras daqueles que argumentam a favor de uma espécie de 'vale-tudo' que pode dar munição para os céticos revisionistas acerca da existência do Holocausto, ele destrói o que há de mais potente na sua aclamada crítica ao realismo histórico ingênuo".[32] Carlo Ginzburg (cuja obra superficialmente se parece com a de um pós-moderno) é afligido não por White abandonar seus princípios, mas por permanecer fiel a eles. Cita uma passagem tocante de uma carta de Pierre Vidal-Naquet, cuja mãe morreu em Auschwitz e que escrevera, anteriormente, um

---

[31] Idem, ibidem, p. 51-52.
[32] Martin Jay, "Of Plots, Witnesses and Judgments", *Probing the Limits*, p. 97.

ensaio refutando o arquirrevisionista Robert Faurisson. O *affaire Faurisson*, diz Vidal-Naquet, convenceu-o de que a antiga noção rankeana de realidade não poderia ser repudiada e que há "algo irredutível" que, para o bem ou para o mal, só pode ser chamado de "realidade". "Sem essa realidade", pergunta, "como fazer a diferença entre ficção e história?"[33]

* * *

Se no caso insuportável do Holocausto o pós-modernismo acha dificuldade em defender a "diferença entre ficção e história", há menos razão em tentar fazê-lo em assuntos menos delicados. Comprometido com a natureza "fictícia" da história, liberto do "fetiche por fatos", sem inibições ou remorsos ao exercitar a "criação imaginativa", que presumivelmente é a essência da "imaginação histórica", a história pós-moderna pode muito bem assumir a forma de história ficcional.

Esse novo tipo de história ficcional é muito diferente do gênero familiar de ficção histórica. O romance histórico, da maneira como evoluiu, de Walter Scott até a próspera indústria que existe hoje, nunca foi uma provocação à história tradicional porque é entendido como uma forma particular de ficção, não de história – como ficção histórica, e não como história ficcional. Somente quando a história é "problematizada" e "desconstruída", quando acontecimentos e pessoas são transformados em "textos", quando o passado é despojado de qualquer realidade e a história, de qualquer verdade, é que a distinção entre história e ficção torna-se turva ou é suprimida. Eis então o momento em que a história ficcional se torna uma forma de

---

[33] Carlo Ginzburg, "Only One Witness", *Probing the Limits*, p. 86. Sobre pós-modernismo e Holocausto, ver também: James E. Young, *Writing and Rewriting the Holocaust: Narrative and the Consequences of Interpretation*, Bloomington, Ind., 1988; David H. Hirsch, *The Deconstruction of Literature: Criticism After Auschwitz*, Hanover, N.H., 1991.

história em vez de ficção, e essa própria história pode ser vista como "metaficção historiográfica".[34] [35]

Muitos historiadores que se afastam de qualquer sugestão de história ficcional ou mesmo de "metaficcional" acolhem o convite para serem "imaginativos", "inventivos", "criativos" – palavras, hoje, tão frequentemente associadas à profissão que quase não as notamos ou levamos em consideração seus envolvimentos. Têm contribuído, contudo, para a "tendência disseminada", como observou o finado Arnaldo Momigliano, a tratar a história como "outro gênero de ficção".[36] Onde outrora os historiadores eram exortados à precisão e à atinência aos fatos, agora são instados à imaginatividade e inventividade. Em vez de "recriar" o passado, dizem que devem "criá-lo"; como alternativa à "reconstrução", "constroem" ou "desconstroem" a história. Um estudo francês recente pergunta, em parte, com ares de troça: "Será que Richelieu – Armand Jean du Plessis – existiu? Será que as narrativas não o inventaram?".[37]

Anteriormente, quando os historiadores invocavam a ideia de imaginação, pretendiam indicar o exercício de imaginação exigido para transcender o presente e imergir no passado. Esse é o talento

---

[34] Linda Hutcheon, "The Postmodern Problematizing of History", *English Studies in Canada*, dez. 1988, p. 371 e passim (reimpresso em *A Poetics of Postmodernism: History, Theory, Fiction*, New York, 1988).

[35] Justamente por isso, dizem que a biografia abraçou uma "nova metodologia", uma "'libertação' do fato" que a torna, "no final das contas, ficção". [Ira Bruce Nadel, *Biography: Fiction, Fact and Form*, New York, 1984, p. 77-78]. Ver também David Lodge, resenha da biografia de D. H. Lawrence, *New York Review of Books*, 13 fev. 1992, e a carta de Lodge, *New York Review of Books*, 9 abr. 1992, p. 56, para o endosso, um tanto tortuoso, desse ponto de vista.

[36] Arnaldo Momigliano, "Biblical Studies and Classical Studies: Simple Reflections upon Historical Method" (1981), *On Pagans, Jews and Christians*, Middletown, Conn., 1987, p. 5.

[37] Citado por David Bell, "Fallen Idols", *London Review of Books*, 23 jul. 1992, p. 13.

atribuído aos grandes historiadores do século XIX: "empatia, imaginação, a tentativa de colocar-se na situação histórica e dentro da personagem histórica sem pré-julgamentos".[38] Para os pós-modernos ela significa o exato oposto: a imaginação para criar o passado à imagem do presente e de acordo com o pré-julgamento do historiador de espírito atual.

A história, disse Macaulay, é uma "terra discutível" governada por dois poderes hostis, razão e imaginação, que recai "alternadamente sob o domínio único e absoluto de um deles". Segue, então, a estabelecer limites significativos ao domínio da imaginação:

> Um historiador perfeito deve possuir uma imaginação suficientemente potente para tornar sua narrativa emotiva e pitoresca. Deve controlá-la absolutamente bem como contentar-se com os materiais que descobrir e abster-se de suprir as deficiências com acréscimos próprios. Deve ser um profundo e engenhoso raciocinador. Deve possuir, no entanto, suficiente autodomínio para abster-se de lançar os fatos aos moldes das próprias hipóteses.[39]

Em um ensaio posterior, Macaulay descreveu a "arte da narração histórica" como a habilidade de tocar a imaginação do leitor "sem ceder à licença da invenção", e comparou o historiador ao dramaturgo, "com uma diferença óbvia": "O dramaturgo cria; o historiador, somente dispõe".[40]

Até o sobrinho-neto de Macaulay, G. M. Trevelyan, o mais "literário" dos historiadores, pôs a imaginação sob rigorosas restrições:

> A atração da história em todos nós é, em última análise, poética. A poesia da história, todavia, não consiste em uma imaginação à solta, mas de uma imaginação que busca o fato e cinge-se a ele. O que obriga

---

[38] J. H. Plumb, *The Death of the Past*, Boston, 1970, p. 135.

[39] Thomas Babington Macaulay, "History" (1828), *Works*, ed. Lady Trevelyan, London, 1875, V, p. 122-23.

[40] Idem, ibidem, p. 131, 144.

o historiador a 'desprezar os prazeres e viver dias laboriosos'[41] é o ardor da própria curiosidade para saber o que realmente aconteceu há tempos na terra de mistério que chamamos passado.[42]

* * *

Se um pós-modernos recorre à imaginação criativa do historiador, também apela para a imaginação política. As implicações políticas, no entanto, como tudo mais a esse respeito, são ambíguas. Alguns radicais criticam-na por ser demasiado incessante e negativa na rejeição da modernidade que não oferece base para a resistência. "Uma vez que não obriga a afirmar nada", diz Terry Eagleton (um marxista e partidário do "novo historicismo"), "é tão prejudicial quanto balas de festim."[43] Jürgen Habermas vai mais além, chegando a chamar Foucault e Derrida de "jovens conservadores" por causa da "subjetividade descentrada" e do "antimodernismo irreconciliável".[44]

---

[41] John Milton, *Lycidas*, verso 72. (N. T.)

[42] Citado por J. H. Plumb, *The Making of an Historian*, Collected Essays, vol. I, Athens, GA, 1988, p. 183.

[43] Terry Eagleton, *Literary Theory: An Introduction*, Minneapolis, 1983. Outro marxista, Frederic Jameson, reclama que Foucault paralisa "os impulsos de negação e revolta" (citado por David Couzens Hoy, ed., *Foucault: A Critical Reader*, Oxford, 1986, p. 11).

[44] Jürgen Habermas, "Modernity Versus Postmodernity", *New German Critique*, Inverno, 1981, p. 13. Algumas fontes dizem que Habermas identifica esses pós-modernistas como "neoconservadores" (por exemplo: David Couzens Hoy, "Jacques Derrida", em *The Return of Grand Theory in Human Sciences*, ed. Quentin Skinner, Cambridge, England, 1985, p. 61; Lawrence D. Kritzman, ed. Michel Foucault, *Politics, Philosophy, Culture: Interviews and Other Writtings 1977-1984*, New York, 1988, p. xi.). Mas, explicitamente (e em itálico), os chama de "jovens conservadores" diferenciando dos "neoconservadores" que aceitam alguma coisa da ordem do dia da modernidade – mais notadamente, a ciência e o crescimento capitalista. Ver também: Habermas, "Taking Aim at the Heart of the Present", em *Foucault: A Critical Reader*, p. 103-8; e os comentários a esse ensaio feitos por Hubert L. Dreyfus e Paul Rabinow, "What is Maturity? Habermas and Foucault on 'What is Enlightenment?'", em *Foucault: A Critical Reader*, p. 109-21.

O crítico social (e social-democrata) Michael Walzer critica Foucault por não ser um "bom revolucionário", porque Foucault não acredita na realidade do Estado ou de uma classe dirigente e, portanto, não acredita na derrubada do Estado e da classe dirigente; nem é um bom reformista, porque não possui "princípios reguladores com os quais possa acertar as coisas".[45]

Outros comentadores salientam o efeito radical e subversivo do pós-modernismo em geral e das ideias de Foucault e Derrida em particular. Um dos admiradores de Foucault o vê como "o continuador da obra dos marxistas ocidentais por outros meios";[46] e outro o descreve seu "reformismo radical" não como uma forma de passividade, mas como um "hiperativismo tático".[47] Peter Stearns (editor do *Journal of Social History*) encontra no pós-modernismo o apoio para as formas de radicalismo não marxistas, tais como os "as ideologias de protesto atualmente em voga no mundo acadêmico" – antirracismo, antissexismo, ecologismo. Os "pós-modernos", observa, "são claramente incentivados pelo desejo de encontrar novas bases intelectuais para o radicalismo, dados os problemas do liberalismo e do socialismo".[48]

---

[45] Michael Walzer, "The Politics of Michel Foucault", em *Foucault: A Critical Reader*, p. 55, 67.

[46] Mark Poster, *Foucault, Marxism and History: Mode of Production Versus Mode of Information*, Cambridge, England, 1984, p. 40.

[47] Keith Gandal, "Michel Foucault: Intelectual Work and Politics", *Telos*, Primavera, 1986, p. 122. Ver também: Rebecca Comay, "Excavating the Repressive Hypothesis", no mesmo número de *Telos*; Derek D. Nikolinakos, "Foucault's Ethical Quandary", *Telos*, Primavera, 1990; Russell A. Berman, "Troping to Pretoria: The Rise and Fall of Deconstruction", *Telos*, Outono, 1990.

[48] Peter N. Stearns, "Social History Update: Encountering Post-Modernism", *Journal of Social History*, 1990, p. 449. Para uma discussão mais ampla da política do pós-modernismo, ver: Peter Shaw, "The Politics of Deconstruction", em *The War Against the Intelect: Episodes in the Decline of Discourse*, Iowa City, 1989; Catharine Zuckert, "The Politics of Derridean Deconstruction", *Polity*, Primavera, 1991; Jonathan Arar, ed., *Postmodernism and Politics*, Minneapolis, 1986.

Eagleton, tendo criticado o pós-modernismo por ser negativo e passivo, faz questão de isentar Derrida desses escritos. "Derrida está nitidamente fora por fazer mais que desenvolver novas técnicas de leitura: a desconstrução é para ele, em última análise, uma prática *política*, uma tentativa de desmontar a lógica pela qual um determinado sistema de pensamento, e por trás dele todo um sistema de estruturas políticas e instituições sociais, mantém a força."[49]

O pós-modernismo, com sugere Eagleton, é muito mais radical que o marxismo ou as novas causas radicais da moda, ao menos porque nega os princípios iluministas com os quais estão comprometidos: razão, verdade, justiça, moralidade, realidade.[50] E, ao negar a retórica e os valores do Iluminismo, subverte a sociedade e o regime que invocam essa retórica e valores. Assim, ao rejeitar a "disciplina" do conhecimento e da racionalidade, o pós-modernismo também rejeita a "disciplina" da autoridade social e política. Essa é a consequência clara da tese de Foucault sobre "Poder/Conhecimento", em que o conhecimento, o "regime da verdade" é identificado com o regime político da dominação e da opressão.[51] Está implícito, claramente, na crítica de Derrida à tradição modernista – na descrição, por exemplo, da "narração organizada" como um "assunto para a polícia", uma "força de lei e ordem".[52]

---

[49] Eagleton, p. 148 (itálicos no original).

[50] O último ensaio de Foucault, publicado postumamente, é uma tentativa elaborada de reinterpretação do texto de Kant "O que É o Iluminismo?", de modo que sua própria filosofia pareça ser menos irreconciliavelmente oposta ao Iluminismo. O ensaio, contudo, não faz justiça nem a Kant nem ao autor (*The Foucault Reader*, ed. Paul Rabinow, New York, 1984, p. 32-50).

[51] Foucault, *Power / Knowledge: Selected Interviews and Other Writings 1972-1977*, ed. C. Gordon, New York, 1980, p. 131. [Antologia de escritos de Foucault em língua inglesa. O trecho citado encontra-se no texto *Truth and Power* (Verdade e Poder) (N. T.).]

[52] Derrida, "Living On", em Harold Bloom et al., eds., *Deconstruction and Criticism*, New York, 1990, p. 104-5.

As implicações políticas da meta-história de Hayden White não são menos óbvias, embora demonstrem uma combinação confusa (mas não atípica) de desconstrução e marxismo. O marxismo é mais notável em sua interpretação da história tradicional como um reflexo dos interesses de classe da burguesia. Seu ensaio sobre o historiador alemão Johann Droysen, cujo subtítulo é "a escrita histórica como uma ciência burguesa", descreve a história (não só a história de Droysen) "como parte e parcela da superestrutura cultural de uma época, como uma atividade que é mais determinada do que determinadora da práxis social".[53] Um outro ensaio, "A Política da Interpretação Histórica", explica a função da "disciplina" História: "Não temos de atribuir motivos ideológicos obscuros para os que dotaram a História com a autoridade de uma disciplina para reconhecer os benefícios ideológicos das novas classes sociais e eleitorados políticos a que a historiografia profissional, acadêmica prestou serviço e, *mutatis mutandis*, continua a prestar até nossos dias".[54]

Provocado pela acusação de que sua forma de relativismo promove "uma espécie de niilismo que atrai um ativismo revolucionário de tipo particularmente irresponsável", White protesta ser contra revoluções, "quer sejam as iniciadas por 'cima' ou por 'baixo' na hierarquia social". Seu relativismo, diz, é um conselho de tolerância e não de licenciosidade. Ademais, a revolução nos países adiantados provavelmente resultará na consolidação das potências opressivas, já que aqueles que controlam "o complexo militar-industrial-econômico detêm todas as cartas". Em vez de uma revolução política do tipo tradicional, ele propõe, na realidade, uma metarrevolução, que substituiria a "ideologia burguesa do realismo", tipificada por uma "disciplina" convencional da história, por uma visão do passado como um espetáculo de "confusão", "incerteza" e "anarquia moral". Somente

---

[53] White, *The Content of the Form*, Baltimore, 1987, p. 101.
[54] Idem, ibidem, p. 60-61.

tal ideia de história "utópica", "escatológica", argumenta, é consistente com "o tipo de política baseada numa visão de uma sociedade aperfeiçoada".⁵⁵

No vocabulário habitual do pós-modernismo, essa visão de história anárquica, "utópica" é traduzida como uma "indeterminação". E a indeterminação é inerentemente radical enquanto for um convite contínuo para a *creatio ex nihilo*. Ao desacreditar a disciplina "burguesa" da História, ao desconstruir tanto os "textos" do passado como os "textos" de todas as histórias anteriores, o historiador se vê com uma *tabula rasa* em que pode escrever qualquer passado que desejar. Dessa maneira, o princípio da indeterminação presta-se, paradoxalmente, para qualquer tipo de determinação – de qualquer parte ou toda a trindade raça/classe/gênero, por exemplo. Justamente por isso, serve para qualquer tipo de ideologia radical que o historiador escolha impor à história. (Não para qualquer tipo de ideologia conservadora, no entanto, que envolve o respeito pela tradição e os dados do passado e rejeita a própria ideia de *tabula rasa*).

* * *

O potencial radical do pós-modernismo foi apreendido de modo bastante entusiástico pelas historiadoras feministas, que acham que o antigo marxismo e até mesmo algumas formas do novo radicalismo não respondem aos seus anseios. Não é por acidente (como diria um marxista) que tantos historiadores pós-modernistas são feministas, e que personalidades pós- modernas sejam tão eminentes na história feminista. Joan Wallach Scott explica a afinidade política entre elas:

> Uma política feminista mais radical (e uma história feminista mais radical) parece-me requerer uma epistemologia mais radical. Exatamente porque trata de questões de epistemologia, relativiza a posição de todo o conhecimento, relaciona conhecimento e poder, e os teoriza em

---

⁵⁵ Idem, ibidem, p. 63, 72, 81, 227 (n. 12).

termos de operações de diferença, creio que o pós-estruturalismo (ou ao menos algumas abordagens geralmente associadas a Michel Foucault e Jacques Derrida) pode oferecer ao feminismo uma perspectiva analítica poderosa.[56]

A história feminista opõe-se de maneira consciente e implacável não só à história tradicional, mas às variedades mais antigas de história das mulheres. Deprecia o tipo de história das mulheres que realça as experiências femininas em determinados acontecimentos e períodos. Rejeita até mesmo a ideia de uma "integração" da história das mulheres na história geral – a "receita de acrescente-mulheres-e--mexa", como é chamada agora.[57] A nova história feminista, diferente da antiga história das mulheres, requer a reescrita e a "reconceituação" de toda a história a partir de um "ponto de vista conscientemente feminista" e de uma "perspectiva feminista", de modo que possa "ser vista pelos olhos das mulheres e ordenada pelos valores que elas circunscrevem"[58] – os olhos e valores da historiadora feminista, e não os das mulheres, pretensos sujeitos da história. E tais valores, muitas feministas acreditam, são contrários não só à substância da história (e história das mulheres) tradicional, mas a sua metodologia e à forma do discurso: a lógica, o raciocínio e a coerência que são expressão da ideologia patriarcal.

---

[56] Joan Wallach Scott, *Gender and the Politics of History*, New York, 1988, p. 4.

[57] Novick, p. 496.

[58] Joan B. Landes, *Women and the Public Sphere in the Age of the French Revolution*, Ithaca, N.Y., 1988, p. 1-2; Scott, p. 3-6; Bonnie S. Anderson e Judith P. Zinsser, *A History of Their Own: Women in Europe from Prehistory to the Present*, New York, 1988, p. xviii. Ver também Philippa Levine, "When Method Matters: Women Historians, Feminist Historians", *Journal of British Studies*, out. 1991. Peter Novick afirma que, ao final dos anos 1970, a ideia de que a história poderia ser legitimamente escrita de uma perspectiva feminista "não era mais discutida; era uma questão fechada, sem possibilidade de questionamento" (p. 496).

Esse repúdio da história tradicional é o que torna o pós-modernismo tão conveniente ao feminismo e o que torna sua "epistemologia radical", como diz Joan Scott, útil à política feminista radical.[59] Assim como a história tradicional é um instrumento para o poder patriarcal, da mesma maneira a história feminista é um instrumento para o poder feminista. Algumas feministas são mais sinceras que outras ao discutir sua agenda política. "Estamos todas empenhadas", explicam as autoras de um artigo, "em escrever uma espécie de propaganda política. Nossas histórias são inspiradas por aquilo que poderia ser chamado de visão de mundo, mas que nós chamaríamos de política." Visto que não há base objetiva para escolher uma história em vez de outra, os únicos fundamentos para julgar uma melhor que a outra são "o poder de persuasão, a utilidade política e a sinceridade política". A base lógico-política da história feminista, no entanto, é, em si, um problema assinalado por essas feministas, uma vez que a utilidade política poderia estar mais bem servida pela ocultação ou negação da teoria sobre a qual a história está fundamentada. Para "problematizar o passado, a realidade e a verdade", como deve fazer uma história propriamente feminista, a escrita da história é difícil de ler e, portanto, politicamente inadequada. Certamente seria mais convincente se tal história assumisse um "manto de objetividade" e "mitologizasse" a própria interpretação por apresentá-la como verdadeira. As autoras desse ensaio simpatizam com aquelas feministas que recorrem a esse estratagema, mas elas mesmas resistem-no. Uma

---

[59] Mesmo essa epistemologia radical nem sempre é radical o bastante. É constrangedor para as feministas, por exemplo, que Foucault, ao expor a falácia do "essencialismo sexual", persista em utilizar a tradicional linguagem masculina e raramente cite obras de mulheres [Irene Diamond e Lee Quinby, *Feminism and Foucault: Reflections on Resistance*, Boston, 1988, p. xv-xvi]. Um comentarista (um homem, como sói acontecer) desculpa-se por manter, na sua tradução de Foucault as "inflexíveis formas masculinas" dos pronomes, e seu uso de *homme* para indicar a "humanidade" [James Miller, *The Passion of Michel Foucault*, New York, 1993, p. 389].

história verdadeiramente radical, acreditam, requer nada mais que uma história totalmente desmistificada.[60]

* * *

É desse modo que a "poética" da história se torna a "política" da história. O pós-modernismo, ainda mais abertamente que o marxismo, torna a história – a escrita da história, assim como sua "práxis" – um instrumento na luta pelo poder. O novo historiador, como o proletariado de outrora, é o titular da "luta" de classe/raça/gênero – ou melhor, "lutas". E aqui surge outro dilema.

O que é bom para uns... Se a historiadora feminista pode e deve escrever a história da sua perspectiva para seus propósitos políticos, por que o historiador negro não pode fazer o mesmo – mesmo se tal história possa "marginalizar" as mulheres? E por que o historiador da classe trabalhadora não pode marginalizar tanto mulheres como negros? (As feministas criticaram E. P. Thompson e outros historiadores radicais nessas bases.) E por que o historiador homossexual não pode marginalizar os heterossexuais? Nesse ponto, por que os tradicionais "finados homens brancos" (ou mesmo homens brancos vivos) historiadores não podem marginalizar (que são os que, de fato, têm sido acusados de marginalizar) todas as outras variedades?

Se "cada homem é seu próprio historiador" deva ser transformado em "cada mulher é sua/seu própria(o) historiador(a)" – ou, como algumas feministas gostariam, "Cada mulher é sua própria historiadora"[61] – por que não "Cada negro/branco/hispânico/asiático/

---

[60] Ellen Somekawa e Elizabeth A. Smith, "Theorizing the Writing of History or, 'I Can't Think Why It Should Be So Dull, for a Great Deal of It Must Be Invention'", *Journal of Social History*, 1988, p. 154-60. (O título desse ensaio é retirado de uma observação feita por uma personagem de Jane Austen no livro *Northanger Abbey*. Edward Carr utilizou-a como epígrafe em *What Is History*, London, 1961.)

[61] No original: "Every*womyn her* own *her*storian". A frase é intraduzível para o português. Vale notar que, no original, a modificação se dá pelo uso da

índio americano...?". Ou, "cada cristão/judeu/católico/protestante/muçulmano/hindu/agnóstico/ateu...?", ou "cada heterossexual/homossexual/bissexual/andrógeno/polimorfo/misógeno...?". E assim por diante, por todas as características étnicas, raciais, religiosas, sexuais, nacionais, ideológicas que distinguem as pessoas. Isso parece uma *reductio ad absurdum*, mas isso é pouco mais do que já vem sendo afirmado em nome do "multiculturalismo".

O multiculturalismo tem o efeito óbvio de politizar a história. Seu efeito mais pernicioso, contudo, é aviltar e desumanizar os povos que são sujeitos da história. Pluralizar e particularizar a história a ponto de os povos não terem mais nenhuma história em comum é negar a humanidade comum a todos, qualquer que seja o sexo, raça, classe e religião. Também é a trivialização da história por torná-la tão fragmentada que perde toda a coerência e o foco, todo o senso de continuidade – de fato, todo o significado.[62]

Da perspectiva pós-moderna, isso tudo é para o bem, pois destrói a história "totalizante", "universalizante", "logocêntrica", "falocêntrica", considerada o grande mal da modernidade. A história pós-moderna, assim como a teoria literária pós-moderna, celebra a "aporia" – a diferença, a descontinuidade, a disparidade, a contradição, a discórdia, a ambiguidade, a ironia, o paradoxo, a perversidade,

---

palavra *womyn*, versão antiga da palavra *women* utilizada pelas feministas de língua inglesa desde 1975, no lugar de *man* (que é gênero neutro, nesse caso, em inglês) para demonstrar repúdio às normas masculinas, e *herstorian*, um neologismo criado no final dos anos 1960, baseado na falsa etimologia da palavra *history*, que seria masculina por aparentemente trazer o pronome possessivo masculino *his*, para indicar a história escrita do ponto de vista feminino. (N. T.)

[62] Para as recentes declarações de historiadores "neo" e tradicionais lastimando a "balcanização" da história, ver: Gertrude Himmelfarb, "Some Reflections on New History", *American Historical Review*, 1989, p. 663-64. As recentes propostas de currículo multicultural nas escolas estimulou os mesmos temores; ver, por exemplo: Arthur M. Schlesinger, Jr., *The Disuniting of America*, New York, 1992.

a opacidade, a obscuridade, a anarquia e o caos. "Precisamos de uma história", explica Hayden White, "que nos eduque para a descontinuidade de um modo como nunca se fez antes; pois a descontinuidade, a ruptura, e o caos são o nosso destino".[63] O modernista acusa o pós-moderno de levar a humanidade ao abismo do niilismo. A pós-modernidade, orgulhosa e alegremente, aceita tal preço.

* * *

Podemos dizer que a história pós-modernista é, em geral, de pouca importância na profissão, que está confinada a uma "vanguarda" autoproclamada que possui poucos discípulos em teoria e menos ainda na prática. Em números absolutos, esse pode ser o caso, embora seja difícil fazer tal estimativa numérica. A questão da influência, no entanto, não é determinada pelos números, como qualquer pessoa que tenha seguido a sorte do marxismo na academia e na cultura em geral está ciente. O marxismo nos anos 1930 era muito mais influente que o número de marxistas declarados poderia sugerir. E o mesmo se dá para qualquer movimento intelectual ou cultural. A palavra "vanguarda" é, em si, enganosa. No sentido militar originário, referia-se ao avanço das tropas de um exército, e sua eficácia, supostamente, dependia do tamanho e do poderio das forças que vinham por trás. No sentido cultural atual, uma vanguarda pode existir e prosperar, afetando profundamente os valores sociais e culturais, sem nenhum exército – com "companheiros de viagem" no lugar de tropas. Já faz muito tempo desde que alguém foi tolo o bastante para perguntar "Quantas divisões tem o papa?".

O pós-modernismo é menos predominante entre os historiadores do que entre os críticos literários, embora existam alguns que o vejam, mesmo na história, como a "ortodoxia de hoje".[64] Embora essa não

---

[63] White, *Trópicos do Discurso*, op. cit., p. 63. (N. T.)

[64] Lionel Gossman, *Between History and Literature*, Cambridge, Mass., 1990, p. 289.

seja uma ortodoxia dominante, exerce uma influência desproporcional na profissão porque tende a atrair muitos dos melhores e dos mais brilhantes, particularmente, entre os jovens. Como um historiador jovem, brilhante e ambicioso pode resistir ao novo, especialmente quando é sancionado por alguns dos notáveis historiadores mais velhos? Como resistir ao apelo de estar "na crista da onda" de sua profissão, quando isso traz consigo não só a promessa de progresso, mas o fascínio da criatividade, da imaginação e da inventividade? E não só a criatividade, mas a libertação do tédio e do rigor da antiga "disciplina" da história?

A última é uma questão de importância mais que passageira na explicação tanto da atração pela história pós-moderna como da sua influência. O pós-modernismo, mais que as variedades antigas da nova história, torna obsoleto qualquer curso metodológico, porque qualquer metodologia proposta é vista como arbitrária e "privilegiada". A ausência de tal direção, a falta de qualquer educação naquilo que costumava ser confiantemente chamado de "cânone de indícios" – mais ainda, o desrespeito a qualquer cânone – é, por si só, um fato de importância considerável na formação (ou falta de formação) dos jovens historiadores. Essa libertação metodológica colaborou mais na transformação da profissão, tornou-a menos uma "disciplina" e mais um tipo de "arte" impressionista, que qualquer conversão consciente ao pós-modernismo. De fato, essa pode vir a ser a influência duradoura do pós-modernismo.

O que é, então, o pós-modernismo? Será que perdurará? Será que é outro daqueles modismos intelectuais que, de vez em quando, apoderam-se da imaginação de uma academia entediada e inconstante? O que aconteceu com o existencialismo? Na França, o manancial da maioria dessas modas, a desconstrução já é *passé*. Será que poderá sobreviver por mais tempo aqui? Dada a volatilidade da vida intelectual e acadêmica, é difícil deixar de antever um futuro não muito distante quando os pós-modernos serão sucedidos por algo que orgulhosamente se autodenominará "pós-pós-modernismo".

Na história, assim como na literatura e na filosofia, certamente haverá – e os sinais já se apresentam – uma desavença com o pós-modernismo, mesmo porque o atrativo dessa novidade sairá de moda.⁶⁵ A "manada de mentes independentes", na brilhante expressão de Harold Rosenberg, encontrará outra admirável causa nova para se congregar. Por tédio, carreirismo (em busca de novas maneiras de se tornar ilustre na profissão) e por mera mentalidade sanguinária (o desejo de *épater* os mais velhos), os jovens se rebelarão, e a vanguarda de hoje irá se perceber uma retaguarda envelhecida – muito semelhante ao modo como a "nova história" (história social) da geração anterior foi substituída por essa história mais nova (pós-moderna). O que não está de todo claro, no entanto, é a natureza e o grau da rebelião – se será uma contrarrevolução que levará à restauração (ou restauração parcial) de uma modalidade mais antiga de história ou se

---

⁶⁵ Lionel Gossman, por exemplo, diz que outrora acolhera a história pós-moderna como uma "libertação salutar das certezas presunçosas do positivismo histórico", mas veio a crer que ele promovia "um relativismo fácil e irresponsável" (Gossman, p. 303). Ver também: Joyce Appleby, "One Good Turn Deserves Another: Moving Beyond the Linguistic: A Response to David Harlan", *American Historical Review*, 1989, p. 1326-32.
Lawrence Stone exagera sobre o afastamento do pós-modernismo ao afirmar, primeiro, que "parece que ao menos alguns dos líderes da 'virada linguística' estão se afastando da eliminação radical do princípio da realidade" (Lawrence Stone, "History and Post-Modernism, *Past and Present*, maio 1992, p. 192-93). Há um grande hiato entre "ao menos alguns" e "quase todos". Chamaram essa profecia de Stone de "renascimento da narrativa", baseada em obras como *Montaillou*, de Le Roy Ladurie [no Brasil, *Montaillou: Povoado Occitânico de 1294 a 1324*, trad. Maria Lúcia Machado, São Paulo, Companhia das Letras, 1997], *Primitive Rebels*, de Eric Hobsbawm [no Brasil: *Rebeldes primitivos: estudos sobre formas arcaicas de movimentos sociais nos séculos XIX e XX*, trad. Waltensir Dutra, Rio de Janeiro, Zahar, 2. ed, 1978], e *Whigs and Hunters*, de E. P. Thompson [no Brasil, *Senhores e Caçadores: A Origem da Lei Negra*, trad. Denise Bottmann, Rio de Janeiro, Paz e Terra, 1987] – nenhumas delas em nada se parece com a narrativa tradicional da história. Essa previsão logo foi desmentida pela "virada linguística" pós-moderna, que é ainda mais antitética à narrativa histórica que o modo anterior de história social.

prenunciará uma modalidade ainda mais nova, cuja configuração não podemos começar a imaginar.

Alguém poderia dizer que a contrarrevolução já está a caminho na forma do "novo historicismo", uma versão linguística do marxismo que interpreta "produções culturais" como formas simbólicas de produções materiais. Enquanto alguns dos membros dessa escola (Frederic Jameson e Terry Eagleton, os mais notáveis) criticam o pós-modernismo por ser excessivamente estético e insuficientemente revolucionário, também são atraídos por aqueles aspectos que reconhecem como verdadeiramente subversivos. Assim, Eagleton louva o feminismo pós-moderno não só por insistir no fato de as mulheres terem direitos e poderes iguais aos homens, mas por questionar a legitimidade de *todo* poder e de *toda* posição social. "Não que o mundo melhorará com a maior participação feminina; é que sem a 'feminização' da história humana, não é provável que o mundo sobreviva."[66] Na causa comum do radicalismo, estruturalistas e pós-estruturalistas, neo-historicistas e desconstrucionistas foram capazes de deixar passar quaisquer incompatibilidades lógicas que pudessem existir nas teorias. (Isso não é grande problema para os desconstrucionistas, que têm uma tolerância infinita para com a contradição e nenhum respeito à lógica "linear".) Assim como os comunistas e socialistas de uma geração mais antiga, formaram uma "frente popular", marchando separadamente rumo a um objetivo comum. Dessa maneira, o novo-historicismo, longe de apresentar uma verdadeira alternativa ao pós-modernismo, tornou-se um aliado, ainda que um aliado desconfortável. Um crítico queixa-se da

---

[66] Eagleton, p. 150. Para visões diferentes do relacionamento do pós-modernismo com o neo-historicismo, ver: "Patrolling the Borders: Feminist Historiography and the New Historicism", *Radical History Review*, jan. 1989; *The New Historicism*, ed. H. Aram Veeser, New York, 1989; Brook Thomas, *The New Historicism and Other Old-Fashioned Topics*, Princeton, 1991; Frederic Jameson, *Postmodernism: Or, the Cultural Logic of Late Capitalism*, Durham, N.C., 1993.

fusão de marxismo e desconstrução por produzir o mais novo oximoro: a "desconstrução materialista".[67]

É um clichê – e verdadeiro – que nenhuma contrarrevolução jamais é bem assim, que o *status quo ante* nunca é plenamente restaurado. No caso da história, o que se posicionará no caminho da restauração de uma história tradicional não é, como poderíamos pensar, a ideologia; podemos antever o desejo de retorno para uma história mais objetiva e integrada, menos dividida e particularista. O que será mais difícil restaurar é a metodologia que existe no âmago da história. Uma geração de historiadores (por agora, várias gerações como essas são reconhecidas pela academia) não possui nenhuma educação nessa metodologia. Podem não ter até mesmo a disciplina moral e profissional que ela requer. Quando Eagleton fala de um estilo "descontraído" de pós-modernismo, não quer dizer que seja prático e informal, coloquial ou do senso comum – ao contrário, pelos padrões normais do discurso, é artificial, excessivo e recôndito – mas, em vez disso, que é infinitamente pluralista e heterogêneo, renunciando a toda a pretensão de um discurso racional e "esclarecido".[68] No caso da história, isso significou o abandono não só das convenções relativas à apresentação e documentação dos indícios, mas da própria ideia de prova objetiva, raciocínio, coerência, consistência, factualidade. O argumento pós-moderno é que essas são práticas "totalizantes", "terroristas" de uma disciplina "autoritária".[69] São, todavia, práticas

---

[67] Howard Felperin, *Beyond Deconstruction: The Uses and Abuses of Literary Theory*, Oxford, 1985, p. 72.

[68] Eagleton, "Awakening from Modernity", *Times Literary Supplement*, 20 fev. 1987, p. 194.

[69] É curioso ver Foucault e Derrida trocando esse tipo de acusação. Derrida acusa Foucault de "logocentrismo" e "totalitarismo estruturalista (...) similar às violências da época clássica". [Derrida, "Cogito and the History of Madness", em *Writting and Difference*, Chicago, 1978, p. 57. No Brasil, o livro pode ser encontrado na seguinte edição: Jacques Derrida, *A Escritura e A Diferença*, trad. Maria Beatriz M. N. da Silva, São

desagradáveis de uma disciplina difícil. A lei de Gresham[70] se aplica à história assim como à economia: maus hábitos tiram de circulação os bons; métodos fáceis tiram de circulação os difíceis. E não há dúvida de que a história tradicional, a história à moda antiga é difícil.

Difícil – mas estimulante, precisamente por ser difícil. E tal entusiasmo pode provar ser um desafio e uma inspiração para a nova geração de historiadores. É mais emocionante escrever a verdadeira história (ou o mais próximo à verdade que conseguirmos) que história ficcional, senão os historiadores escolheriam ser romancistas em vez de historiadores; mais estimulante tentar superar nossos próprios interesses e preconceitos que nos abandonar a eles; é mais excitante entrar na imaginação daqueles que estão longe no tempo e espaço que lhes impor nossa imaginação; é mais entusiasmante escrever uma narrativa coerente, ainda que respeitando a complexidade dos acontecimentos históricos, que fragmentar a história em unidades desconexas; mais estimulante tentar compreender os fatos (sem o benefício das aspas) da maneira mais correta que pudermos que negar a própria ideia de existirem fatos; é ainda mais emocionante fazer notas de rodapé apropriadas, ainda que sirvam somente para dar aos outros a prova visível de nossos esforços.

Paulo, Perspectiva, 1995. (Coleção Estudos, n. 271) (N. T.)] Foucault, por sua vez, acusa Derrida de exercer uma "soberania ilimitada" sobre o texto, permitindo "resgatá-lo indefinidamente". [Miller, p. 121, citando Foucault em *Histoire de la folie à l'âge classique*, Paris, 1972, p. 603. No Brasil, encontramos a obra na seguinte edição: Michel Foucault, *História da Loucura na Idade Clássica*, trad. José Teixeira Coelho Netto, São Paulo, Perspectiva, 1978. (N. T.)] Noutra ocasião, Foucault descreve a retórica de Derrida como "*obscurantisme terroriste*". Escreve de maneira tão obscura, queixa-se Foucault, que não podemos calcular o que está falando, e então, quando alguém critica, ele responde, "Você não entendeu, é um idiota" [John R. Searle, "The Word Turned Upside Down", *New York Review of Books*, 27 out. 1983, p. 77].

[70] Princípio econômico expresso pela máxima: "Moeda ruim tira de circulação a moeda boa". (N. T.)

O teórico político norte-americano William Dunning disse que um dos dias mais felizes de sua vida foi quando descobriu, ao comparar a caligrafia, que a primeira mensagem de Andrew Johnson ao Congresso fora, na verdade, escrita por George Bancroft. "Não acredito", escreveu para a mulher, "que possa ter ideia do prazer que me dá ter descoberto esse pequeno fato histórico."[71] Todo historiador sério teve essa experiência – o prazer de descobrir um fato que possa aparecer na obra publicada numa oração subordinada ou numa nota de rodapé, mas isso, ainda que, por si só, trivial, valida todo o empreendimento não só porque é novo, mas também por ser verdadeiro.

* * *

O pós-modernismo nos seduz com um canto de sereia de libertação e criatividade, mas pode ser o convite ao suicídio intelectual e moral. Os pós-modernos gabam-se de que, ao rejeitar a metafísica, também estão livrando-se do humanismo. No ensaio "Os Fins do Homem" (jogando com o significado duplo de "fins"), Derrida cita Heidegger, de modo aprovativo, "todo humanismo é metafísico", e segue explicando que a metafísica é o outro nome da "onto-teo-teologia".[72] Igualmente Foucault, no célebre relato do "fim do homem", escarnece daqueles que se apegam ao velho humanismo.

> A todos os que pretendem ainda falar do homem, de seu reino ou de sua libertação, a todos os que formulam ainda questões sobre o que é o homem em sua essência, a todos os que pretendem partir dele para ter acesso à verdade (...) a todas essas formas de reflexão canhestras e distorcidas, só se pode opor um riso filosófico – isto é, de certo modo, silencioso.[73]

---

[71] Higham, p. 103.

[72] Jacques Derrida, "Os Fins do Homem", *Margens da Filosofia*, trad. Joaquim Torres Costa e Antonio Magalhães, Campinas, Papirus, 1972, p. 162.

[73] Michel Foucault, *As Palavras e as Coisas: Uma Arqueologia das Ciências Humanas*, trad. Salma Tannus Muchail, São Paulo, Martins Fontes, 1999,

Um corolário do fim do homem é o fim da história. Se a libertação da metafísica significa a libertação do humanismo, ela também significa a libertação da história. Hayden White elogia aqueles historiadores do século XIX que "interpretavam o fardo do historiador como a responsabilidade moral de libertar o homem do fardo da história".[74] Podemos achar estranho atribuir essa intenção a Tocqueville, dentre outros, mas não podemos duvidar de que esse é, de fato, o objetivo do pós-modernismo. Libertar os homens do "fardo" da história é libertá-los do fardo da humanidade. A história liberacionista, como as teologias liberacionistas, não é uma forma mais elevada ou uma disciplina superior; é a negação da disciplina.

Se sobrevivemos à "morte de Deus" e à "morte do homem", certamente sobreviveremos à "morte da história" – e à da verdade, da razão, da moralidade, da sociedade, da realidade e de todas as outras verdades que costumávamos tomar por certas e que agora foram "problematizadas" e "desconstruídas". Sobreviveremos até mesmo à morte do pós-modernismo.

---

p. 473. (N. T.) Ver o capítulo 5 de Hayden White sobre Foucault chamado "Foucault's Discourse: The Historiography on Anti-Humanism", em Hayden White, *The Content of the Form: Narrative Discourse and Historical Representation*, Baltimore/London, 1987, p. 104 ss.

[74] White, *Trópicos do Discurso*, op. cit., p. 62. (N. T.) Para críticas desse ensaio, ver: Arnaldo Momigliano, "The Rhetoric of History and the History of Rhetoric: On Hayden White Trope's", *Comparative Criticism: A Yearbook*, 1981, p. 259-68; G. R. Elton, *Return to Essential: Some Reflections on the Present State of Historical Study*, Cambridge, England, 1991, p. 27-49.

Posfácio

LUIZ BUENO[1]

Uma ideia fundamental percorre a obra da historiadora Gertrude Himmelfarb, ideia a qual ela descortina no prefácio deste livro, *Ao Sondar o Abismo*, algo que ela reconhece como tendo lhe sido transmitido por Lionel Trilling, seu amigo e grande modelo de grandeza e integridade intelectual. Esta ideia fundamental é a da imaginação moral.

Este poderoso conceito, que poderia ser rastreado até Edmund Burke, em sua grande obra *Reflexões Sobre a Revolução na França*,[2] é trazido à tona por Himmelfarb quando ela aponta que em toda a obra está presente o realismo moral de Trilling, que faz parte de sua imaginação moral.

Por imaginação moral, Burke entende aquela capacidade que temos de ver além do homem empírico, além das nossas relações materiais e concretas, perceber uma certa dignidade que pode nos reunir, e reunir a partir de certos sentidos e sentimentos que fazem que vejamos a vida humana como algo além do ânimo vital que

---

[1] Professor de Filosofia da FAAP. Bacharel e Mestre em Filosofia. Doutor em Ciências da Religião pela PUC-SP. Pesquisador no Laboratório de Política, Comportamento e Mídia da PUC-SP. Autor do livro: *Gertrude Himmelfarb: Modernidade, Iluminismo e as Virtudes Sociais*. São Paulo, É Realizações, 2015.

[2] BURKE, Edmund. *Reflexões sobre a revolução na França*. São Paulo: Edipro, 2016.

mobiliza um corpo. Uma certa percepção de nossa capacidade de fazer escolhas e, que dessas, possamos ficar com as que se alinham ao bem. A capacidade de perceber eticamente os outros seres humanos, a cultura, a história, a religião e a política. A partir da imaginação moral, podemos perceber em nós mesmos, como humanos, um valor além das nossas relações econômicas e nossos instintos biológicos. E esta percepção, que não se trata apenas de uma elaboração ou escolha racional, técnica, que está no plano do sentimento e é configurada simbolicamente na cultura, vai estabelecer e determinar as nossas relações com a coletividade.

Lionel Trilling aponta a vinculação entre sentimento e ideias e que essa relação se converte em ação e instituições políticas. Trilling, em *A Imaginação Liberal*,[3] citado por Himmelfarb na introdução,[4] percebe aquele vínculo entre sentimento e ideias se manifestando na relação entre literatura e política, que é o tema de seu livro. No capítulo do qual Himmelfarb retira o trecho citado na Introdução, Trilling refere-se ao conceito de "realismo moral", dizendo que se trata da "percepção dos perigos da própria vida moral"[5]. O realismo moral implica em perceber que os sentimentos se relacionam com ideias e produzem ações no campo político, mas que podem surpreender por mostrar que, sem a devida reflexão sobre os mesmos, há sempre o risco de se produzir ações baseadas nos sentimentos mais perniciosos que produzimos. Da mesma forma, pode-se estabelecer as relações entre sentimentos nobres e as ideias deles derivadas à medida em que estes são visualizados e mesmo simbolizados por meio, por exemplo, da própria literatura. Os romances podem trazer à tona aquilo que está oculto

---

[3] TRILLING, Lionel. *A Imaginação Liberal: Ensaios sobre a Relação entre Literatura e Sociedade*. São Paulo, É Realizações, 2015.

[4] HIMMELFARB, Gertrude. *Ao Sondar o Abismo*. São Paulo, É Realizações, 2015, p. 14.

[5] TRILLING, Lionel. *A Imaginação Liberal*, p. 264

no sentimento e nas razões das pessoas quando agem de forma contrária à percepção moral, ainda que permaneça a necessidade de se ver com a realidade cotidiana em toda a sua crueza e sua urgência. O sentimento de indignação moral, trazido à tona por uma obra literária que fale da crueldade humana, pode apenas ser uma forma de proteger o prazer da crueldade.[6]

Pensando nas transformações sociais que se desejariamos produzir em direção a uma maior liberalidade na sociedade, Trilling diz que é sempre necessário estar atento à possibilidade dos "perigos inerentes a nossos desejos mais generosos" e que a realização dessa melhor sociedade exige não apenas um nobre refinamento dos sentimentos, mas pensar inteligentemente na sua praticabilidade social e trabalhar concretamente pela sua realização.[7] Toda esta séria e urgente reflexão tem sido produzida nos últimos duzentos anos pela literatura, diz Trilling. A necessidade da literatura nesse campo vem exatamente da sua capacidade de praticar este realismo moral, de trazer à luz aquilo que está por trás dos atos e pensamentos e mesmo daqueles nobres sentimentos que tanto valor social tem. Diz Trilling que é para prevenir o risco de convertermos nossos irmãos em objeto de nossa coerção que "precisamos do realismo moral que é produto do jogo livre da imaginação moral"[8].

Pode-se ver que, tanto o conceito de imaginação moral de Burke, que toma contornos próprios em Trilling, mas também a noção de realismo moral deste último, compõem uma chave muito útil para se compreender a visão de Himmelfarb sobre o fundo moral que deve ser necessariamente percebido nas relações humanas e que deve ser trazido à tona pelo pesquisador e pelo escritor. No caso de Himmelfarb, isso é feito por meio da sua disciplina, a História.

---

[6] TRILLING, Lionel. *A Imaginação Liberal: Ensaios sobre a Relação entre Literatura e Sociedade*. São Paulo, É Realizações, 2015, p. 265

[7] Idem, p. 266

[8] Ibidem.

Esta preocupação da autora com as questões morais de fundo é perceptível em obras como, *Os Caminhos para a Modernidade*.[9] O empenho em mostrar que o Iluminismo não é uma categoria única e não se refere apenas à versão francesa deste movimento, mas que comporta também as versões britânica e americana, não é apenas um trabalho de revisão histórica. A parte mais extensa do livro se dedica a mostrar a importância do Iluminismo britânico, sua anterioridade temporal e sua importância fundamental mesmo para o Iluminismo francês. Mas, a razão para tudo isso está naquilo que autora define como a característica do Iluminismo britânico: uma sociologia da virtude. Se o Iluminismo francês tem como marca ser uma "ideologia da razão", isto é, uma revolução produzida através de uma nova concepção da razão e sua capacidade de redesenhar o mundo, e se o Iluminismo americano tem como característica ser uma "política da liberdade", isto é, uma decisão política de construir uma nação a partir do ideal da liberdade no seu mais pleno sentido, o Iluminismo britânico se diferencia por ser construído a partir do alicerce moral concretizado nas relações e nos vínculos fundamentais que produziram e sustentaram a tradição e a história britânicas. A racionalidade não é o elemento mais importante, ela é tão importante quanto os sentimentos morais que criaram e davam sustentação à sociedade britânica. A ideia de uma sociedade que valoriza as virtudes sociais é apontada através das concepções filosóficas dos sentimentos morais que embasam a vida prática, como a compaixão, a simpatia, o senso moral, os afetos sociais; da relação entre valores morais e a economia, segundo Adam Smith; na crítica que Burke faz à Revolução Francesa como expressão do desprezo pela imaginação moral e a exaltação da razão abstrata, com a tragédia que esta Revolução produzira; nas práticas sociais da benevolência no período vitoriano e sua relação

---

[9] HIMMELFARB, Gertrude. *Os caminhos para a modernidade: os iluminismos britânico, francês e americano*. São Paulo: É Realizações, 2011

com movimentos religiosos, como o metodismo; do associacionismo com fins à prática da filantropia envolvendo as diversas classes sociais na chamada Era da Benevolência. O Iluminismo britânico não se realizou mediante uma guerra com a religião pois entendia que a religião corroborava estes valores e vínculos sociais fundamentais, havendo entre razão, moral, política e religião um diálogo razoavelmente pacífico e frutífero, especialmente depois de tantas guerras internas ocorridas no mundo britânico. O valor dado às virtudes sociais e às instituições e tradições que as prezavam, como a religião, a tradição, a política, a economia, preservaram o mundo britânico das convulsões sociais que se manifestavam na Europa, como a que ocorreu na França no período revolucionário.

Em outras obras de Himmelfarb, essa preocupação prossegue. Em The De-Moralization of Society[10] (ainda sem tradução para o português), a autora investiga o papel deletério que a ascensão das políticas de bem-estar social associadas à visão progressista provocaram nas sociedades britânica e americana especialmente devido ao seu efeito no campo moral. Os estudos sobre pobreza em Poverty and Compassion[11] (também sem tradução ao português), e das ações sociais neste campo desde o período vitoriano, mostram diferenças que ocorrem quando estas ações levam ou não em consideração o aspecto moral envolvido. E daí sua crítica à forma como as políticas do estado de bem-estar social foram implementadas e os efeitos morais danosos delas derivados. O problema, em ambas as obras, refere-se à separação entre moralidade e políticas sociais. Segundo Himmelfarb, haveria uma teoria ética inerente a estas políticas, um princípio de neutralidade moral: a sociedade é responsável pelos problemas coletivos e, portanto, é moralmente responsável por resolvê-los. Não se trata de

---

[10] HIMMELFARB, Gertrude. *The De-moralization of Society: From Victorian virtues to modern values*. New York: Knopf, 1995.

[11] HIMMELFARB. G. *Poverty and Compassion: The Moral Imagination of the Late Victorians*. New York, Vintage Books, 1992.

exigir qualquer postura moral dos indivíduos. A *des-moralização* da pobreza é acompanhada pela relativização do problema; deixa-se de falar em pobreza e fala-se em bem-estar; o estado deixa de olhar para os problemas sociais e passa a olhar para as condições sociais; tudo mede-se agora pela presença ou não de certas condições materiais definidas em cada época e que estariam ou não em conformidade com o padrão de vida definido como aceitável.[12] A noção de pobreza, uma vez destituída da conotação moral que carregava no fim do período vitoriano, torna-se um conceito proteico, multiforme como as soluções propostas para ele. Por fim, a autora aponta que filósofos e políticos parecem começar a perceber que o progresso material é extremamente precário sem o progresso moral, pelo qual as pessoas assumem o controle de suas vidas, e que uma economia próspera e livre traz muito mais benefícios do que as muitas regulações e decretos do Estado. Para voltarmos a entender a conexão entre as dimensões moral e material do problema da pobreza, diz a autora, nossa época terá que empenhar-se em um enorme esforço de imaginação moral.[13]

Sondar o abismo, o convite extraído de um ensaio de Trilling, significa assumir a perspectiva do realismo moral e olhar para diversas áreas da produção intelectual contemporânea e descobrir os riscos morais implícitos em cada uma delas e os efeitos produzidos por eles no campo da vida social concreta. Sondar o abismo não deve ser um convite que se aceita de forma leviana. Sondar o abismo, alerta Himmelfarb, não é algo "interessante". Sondar o abismo deve ser algo feito com o senso de realismo moral, que ela hauriu de Trilling e usa para si mesma, de forma a se poder ver o que de nossa sensibilidade pode se tornar um risco moral para nossa própria vida em sociedade. Com esse realismo moral, ela pode apresentar a "proposição de que existe algo como realidade e verdade", havendo conexão entre elas, e

---

[12] Idem, p. 383
[13] Idem, p. 390

também identificar a "conexão entre sensibilidade estética e imaginação moral, entre cultura e sociedade"[14].

Por identificar estas conexões, a autora empreende a investigação nos campos onde se produzem as ideias que depois verter-se-ão em atos concretos na sociedade. É por isso que a sua crítica à nova história se preocupa tanto com a relativização e a desumanização que a nova história produz ao falar sobre o Holocausto, a desobrigação com o "fetiche por fatos"[15] ou o aprisionamento na busca da objetividade e da verdade dos eventos históricos, ambos sem aspas. Pela mesma razão, é preciso apontar o que pode ocorrer quando o relativismo da filosofia se transforma em niilismo, quando a amoralidade torna-se em imoralidade, a irracionalidade em insanidade,[16] quando a liberdade, tão cara aos liberais, agora torna-se em liberdade econômica, não mais em autonomia moral, pois a liberdade, levada ao seu extremo, termina por expelir a moral tanto do indivíduo quanto do Estado.

Dado que é isto que se pode constatar ao sondar o abismo, é preciso tomar a perspectiva de que somente poderemos sobreviver à morte de Deus, à morte do Homem, à morte da História, à morte do pós-modernismo, se pudermos nos manter sóbrios o suficiente para não perder de vista os perigos derivados de nossas boas intenções. A imaginação moral e o senso de realismo moral são os elementos que nos manterão com os pés na borda do abismo sem que nele caiamos enquanto o perscrutamos.

---

[14] HIMMELFARB, Gertrude. *Ao Sondar o Abismo*. São Paulo: É Realizações, 2019, p.16

[15] Idem, p. 183

[16] Idem, p. 26

Da mesma autora, leia também:

GERTRUDE HIMMELFARB
OS CAMINHOS PARA A MODERNIDADE
OS ILUMINISMOS BRITÂNICO, FRANCÊS E AMERICANO

O enquadramento teórico realizado aqui pela historiadora norte-americana Gertrude Himmelfarb permite compreender o fenômeno do Iluminismo britânico, francês e americano, e como as concepções de natureza humana e de princípios abstratos, como o da liberdade, eram divergentes entre eles, produzindo consequências completamente diversas.

facebook.com/erealizacoeseditora twitter.com/erealizacoes instagram.com/erealizacoes youtube.com/editorae

issuu.com/editora_e erealizacoes.com.br atendimento@erealizacoes.com.br